Tintenfisch 24

Herausgegeben von
Michael Krüger und Klaus Wagenbach

Tintenfischin: Warum wächst Dir denn jedes Jahr ein neuer Arm?
Tintenfisch: Damit Du besser in mir blättern kannst.

Jahrbuch für Literatur

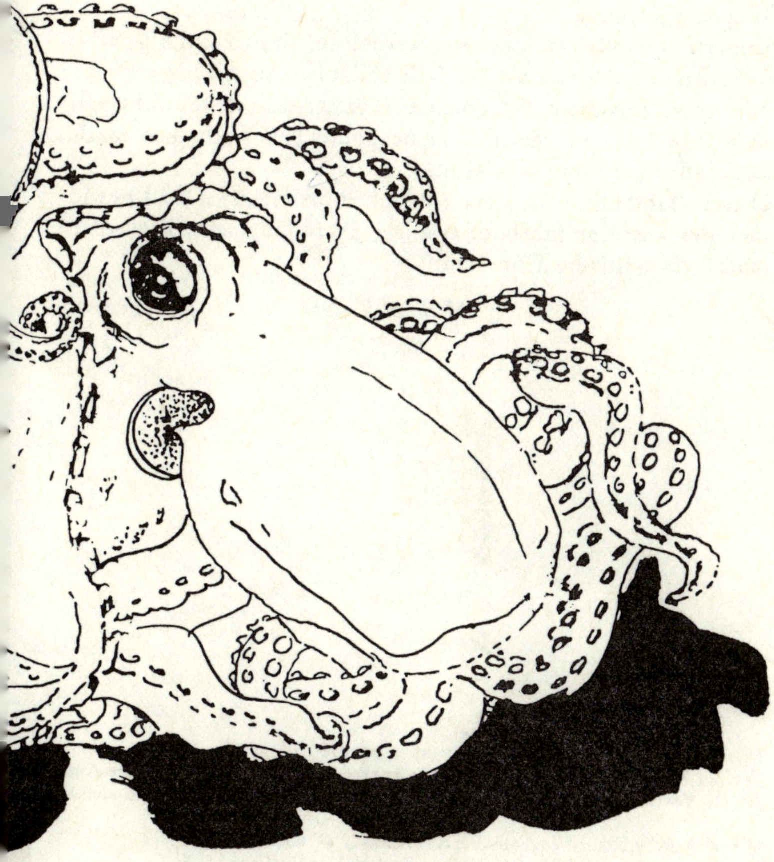

Verlag Klaus Wagenbach Berlin 1985

Die hier gesammelten Texte wurden in diesem Jahr geschrieben oder veröffentlicht.
Wie stets haben wir versucht, die literarischen Bewegungen eines Jahres mit charakteristischen Beispielen nachzuzeichnen. Freilich heult der Tintenfisch schon aus habituellen Gründen ungern mit den Wölfen, die meinen, Zähnefletschen sei schon die literarische Umwälzung, noch glaubt er an die alleinseligmachende Erleuchtung durch den dokumentarischen Akten-Ordner, noch lockt ihn die Gemütlichkeit problembezogener Herzensergießungen oder gar der solipsistische Budenzauber, der die politische Wirkung für eine Wunderkerze hält.
Ungern verzichtet er hingegen sowohl auf das liebliche Knarren ästhetischer Arbeit als auch auf die beiläufige Mitteilung wichtiger politischer Absichten: Wer keine Gedichte mag, kann nicht politisch arbeiten und wer sich keine politischen Gedanken macht, dem fällt auch literarisch nichts ein.
Dieser ›Tintenfisch‹ ist dem Andenken an Heinrich Böll gewidmet, der unserem Jahrbuch zwanzig Jahre lang seine literarisch-moralisch-politische Tinte lieh.

Michael Krüger *Klaus Wagenbach*

Manuskripte für den ›Tintenfisch‹ werden an die Adresse des Verlages erbeten (Verlag Klaus Wagenbach, Ahornstraße 4, 1000 Berlin 30). Wir bitten die Autoren um Verständnis, daß Einsendungen nicht einzeln beantwortet werden können.

Umschlagzeichnung und Frontispiz von Karl H. Dennig
Satz und Druck: Poeschel & Schulz-Schomburgk, Eschwege
Bindung: Augsburger Industriebuchbinderei
Printed in Germany.
ISBN 3 8031 0135 2

Inhalt

GÜNTHER ANDERS *Warum ich nicht mit Ernst Jünger gemeinsam in einer Zeitschrift erscheinen möchte*

Mit Herrn Jünger, der noch immer, oder schon wieder, im *Merkur* erscheint, wünsche ich keine Wohnung oder Herberge zu teilen. Ich spreche hier nicht von Jüngers frühen Büchern. Vielmehr davon – Zerstörungsfreude ist offenbar unstörbar und unzerstörbar –, daß Jünger unlängst – im Fernsehen durfte man das ja mitgenießen – durch sein Haus führend auf den wie ein Kunstobjekt aufgestellten Stahlhelm eines britischen Soldaten aufmerksam gemacht hat. Ein Engländer, so erklärte der Museumsführer, habe sich während des 1. Weltkriegs unvorsichtig über den Rand des gegenüberliegenden Schützengrabens zu weit herausgetraut, was ihm »nicht gut bekommen sei«. »Nicht gut«. *Vis à vis de la mort* gibt es nichts Gemeineres als das Neckische. Er, Jünger, hat also damals, vor etwa 70 Jahren, auf diesen zu weit herausragenden Kopf angelegt und geschossen – das mag damals das unter diesen Umständen Normale gewesen sein. Dann aber – und da hört das Normale auf – hat er den so untadelig getroffenen und durchlochten Helm des Erlegten als Trophäe an sich genommen und beim nächsten Urlaub heimgebracht. Und seit damals ist er also aufbewahrt worden. Mithin seit sechzig oder siebzig Jahren. Vermutlich wird er auch täglich abgestaubt.
Töten ist schlimm genug. Tötungslust oder -stolz unmittelbar nach der Tötung schlimmer. Am schlimmsten aber: noch nach sechs Jahrzehnten das Zeugnis der Tötung, den Helm mit dem hübschen Durchschußlöchlein als Schmuckgegenstand aufzustellen und Besuchern und Fernsehmillionen als Exponat vorzuzeigen. Der Besucher hat daran keinen Anstoß genommen. *Tant pis pour lui.* Trivial und barbarisch gesellt sich gern.

Christa Reinig *Die Frau im Brunnen*

Ich spreche häufig mit der Frau im Brunnen. Es gibt einfache Fragen im Vorübergehen, wie sie da hineingeraten ist und warum sie nicht herauskommt. Auf diese Fragen gibt sie keine Antwort. Labyrinthisch wird das Gespräch, wenn ich frage, ob sie da freiwillig ist. Ist sie in den Brunnen gefallen, hat sie sich selbst hineingestürzt, wenn ja, in welcher Absicht? Oder war es ein Attentat? Ein Feind hat sie ergriffen und hineingestoßen? Manchmal sagt sie: Ja, so war es, so muß es gewesen sein.
Das befriedigt mich nicht. Ich sage: Schade, daß ich nicht Psychoanalyse studiert habe. Da muß sie so lachen, daß sie fast ertrinkt. Wir reden ernsthaft weiter. Will sie gerettet werden, soll sie gerettet werden, sollte sie gerettet werden? Das sind drei ganz verschiedene Kausalketten. Manchmal ergreife ich eine Kausalkette und lasse sie in den Brunnen hinab. Und die Frau hängt sich auch richtig daran. Aber sie kommt keinen Millimeter höher.
Manchmal mache ich ganz energische Anstrengungen, sie da herauszuholen, dann schreit sie vor Wut. Ich stelle meine Rettungsarbeiten ein und alsbald heult sie vor Schmerz und Verzweiflung. Von Zeit zu Zeit verliere ich die Nerven und gehe einfach weg. Dann kommt mir die Idee: Jetzt geht auch die Frau weg. Wenn ich nicht in den Brunnen blicke, gibt es sie gar nicht.
Ich lebe in einem Land, das von einer demokratischen Mehrheit erstgeborener Söhne regiert wird. In diesem Land gibt es erstaunlich wenig Familien mit erstgeborenen Töchtern. Das kann mehrere Gründe haben. Ich vermute zunächst Bestechung. Die Geburtshelfer nehmen Geld an, und beim zweiten Hinsehen wird das Baby männlich.
Die Geburtshelfer weisen diesen Verdacht weit von sich. Im Zeitalter der allgemeinen Wehr- und Bumspflicht und der Nacktbadestrände funktioniert der alte Trick überhaupt nicht mehr. Aber tut den Ärzten denn die arme Frau nicht leid, die die ersten Qualen ihres Weibesschicksals hinter sich hat und der eine mörderische Dresche bevorsteht? Der Geburtshelfer schweigt und blickt in einen Eimer, der neben dem Bett steht.
In diesem Augenblick ist eine Geburt geglückt – oder wohl nicht geglückt. Im Raum breitet sich eine Stimmung von gedämpftem Saitenspiel aus. Der Geburtshelfer setzt sich auf den Bettrand

und streichelt die Hände der Mutter. Die Mutter bricht in Tränen aus. Dann sagt sie: War es denn ein Junge? Der Geburtshelfer verzieht das Gesicht zu einer schmerzlichen Grimasse wie bei einem allzu oft gehörten Witz und antwortet mit geborstener Stimme: Nein, es war ein Mädchen. Die Mutter läßt sich in die Kissen zurückfallen. Der Geburtshelfer will noch einige Erklärungen abgeben. Die Frau ergreift seine helfenden Hände, streichelt sie und sagt: Schon gut!

Was ist eigentlich aus all den mutigen kleinen Mädchen geworden, die Brüderchens Hosen klauten und aus dem Haus hinaus in die Welt hinein liefen? Einige wurden erwischt, in Säcke genäht und im Fluß ersäuft oder lebendig in die Erde gegraben. Erstaunlich viele Generäle wurden auf dem Totenbett entkleidet als Frauen vorgefunden. Die berühmteste Frau der Welt ist nicht Marilyn Monroe, sondern Napoleon Bonaparte. Napoleon Bonaparte wurde auf dem Totenbett entkleidet als Frau vorgefunden.

Soll ich daraus schließen, daß die Zahl der Frauen, die ihrem Weibesschicksal entkamen, indem sie sich in die Armee flüchteten, unendlich ist? Gewiß nicht, denn Urinieren ist unter Männern eine kultische Handlung, von der sich kein Mann ausschließen kann. Es blieb den Frauen gar nichts anderes übrig, als ihre militärische Laufbahn ganz oben anzufangen. Sie begannen gleich damit, Offiziere, Kapitäne, Generäle und Feldmarschälle zu sein. Dann brauchten sie keine Taschenspielertricks wie das Durchpissen durch ein Kuhhorn, was doch früher oder später daneben geht, sondern sie hatten das Vorrecht, ihre rotgestreiften Generalshosen in einem verschwiegenen Eckchen fallen zu lassen.

Eine Schülerin ruft mich an. Sie hat sich eines meiner Gedichte zur Interpretation ausgesucht, und der Lehrer verlangt zusätzlich eine Lebensbeschreibung über den Autor. Ihr genügt nicht, was über mich in den Büchern steht. Ich sage, sie soll mich was fragen, und wiederhole die Üblichkeiten meiner Lebensdaten, -orte und -berufe. Sie fragt: Und Ihr Herr Vater, was war der von Beruf? Ich antworte: Ich habe im gesellschaftlichen Sinne keinen Vater, sondern bin ein uneheliches Kind. Sie verkraftet es und fragt: Was war dann Ihre Mutter von Beruf? Ich sage: Meine Mutter war Putzfrau. Das Gespräch ist jäh zu Ende. Vielleicht sucht sie sich eine andere Dichterin aus.

Wenn ich mein Leben noch einmal beginnen könnte, würde ich alles anders machen. Ich würde von meiner jetzigen Existenz nicht einen Stein auf dem anderen lassen. Zunächst wäre ich ein eheliches Kind, aber meine Eltern sind verunglückt, als ich noch ein Baby war. Ich habe sie nie gekannt. Darüber bin ich sehr traurig. Es ist die unheilbare Wunde meines ganzen Lebens, daß mir diese herrlichen Idealgestalten immerdar Fremde bleiben werden. Manchmal betrachte ich ihre Bilder. Besonders das Hochzeitsbild. Mein Vater trägt eine Uniform und hat einen Schnurrbart. Meine Mutter ist sehr schön und sehr ernst.

Alle meine Verwandten sind sehr weit entfernte Verwandte. Das drückt sich im Umgang aus. Für die Tante, die mich aufgezogen hat, bin ich eine Respektsperson, für ihre Kinder ein gelegentlicher Spielkamerad. Irgendein Großonkel, der ein berühmter Notar ist, verwaltet mein Vermögen. Wir sind beide zufrieden miteinander. Denn mein Geld vermehrt sich, und er findet, daß ich ein fleißiges Kind bin. Mit 21 werde ich mündig. Mein Großonkel übergibt mir die Dokumente. Wir blicken uns tief in die Augen und schütteln uns die Hände. Danach sehen wir uns nur noch ganz selten.

Ich lese keine Schmöker. Meine Lektüre sind die vorgeschriebenen Schulbücher. Später werde ich zwei Lieblingsbücher haben: Vathek von William Beckford und Die Handschrift von Saragossa von Jan Potocki. Manchmal bekomme ich Bücher geliehen oder geschenkt, aber ich langweile mich schnell und lege sie zur Seite. Dann schlage ich den Vathek auf oder blättere im Potocki, obwohl ich doch schon alles auswendig weiß.

Mit vierzehn spreche ich vier Sprachen: ein dialektfreies Hochdeutsch, englisch, französisch, russisch. Später lerne ich noch auf eigene Faust italienisch dazu, weil es mir als die schönste Sprache der Welt erscheint, und aus Dankbarkeit, weil ich aufgrund der Lektüre von Manzonis »Verlobten« den Mut gefunden habe, meine eigene Verlobung aufzulösen, und es also der italienischen Literatur verdanke, daß ich ein freier Mensch geblieben bin.

Allerdings sind literarische Dinge nicht mein Hauptinteresse. Ich bin handwerklich begabt, und nach einigem Herumprobieren weihe ich mein Leben der Goldschmiedekunst. Mein Lebensinhalt sind edle Steine und Metalle. Ein Hobby habe ich nicht, mein Beruf ist mein Hobby.

Da ich die Außenform von Meeressäugetieren hübscher finde als die Außenform von Primaten, bin ich kein fellbewachsenes Geschöpf mit platter Brust und langem Bart und Glatze, sondern ich hege und pflege die eleganten Rundungen meines glatten

weiblichen Körpers. Ich würde sehr viel auf meinen Körper geben. Mein kostbarster Besitz wäre meine Gesundheit, nie würde ich übermäßigen Sport oder ausgedehnten Müßiggang betreiben, niemals Raubbau an meinen Kräften, nie mich erkälten, nie mich in die Sonne legen. Aber ich würde gern im Regen spazieren gehen.
Ich würde keine Kinder kriegen. Ich würde sie gar nicht mögen. Menschenkinder sind unappetitliche Kreaturen, und die Affenliebe der Eltern, die sowas in die Welt gesetzt haben, würde mich schaudern machen. Nie könnte ich verstehen, wie eine Familie ihren Hund oder ihre Katze ausstößt, nur weil ihnen ein Kind geboren wurde. Eher würde ich das Kind wegschmeißen. Aber das ist Geschmacksache. Mit Wohlbehagen lese ich in der Bibel, wie Gott Evas schwangeren Mutterleib verflucht hat. Mit der Lektüre des Ersten Buches Mosis und der gerechten Verstoßung der Adam-und-Eva-Menschheit erschöpft sich mein religiöses Interesse.
Ich bin ein wohltemperierter Charakter. Meine Stimme ist leise, aber nicht energielos. Ich spreche langsam und rede wenig. Ich erzähle keine Geschichten, sondern sage die Dinge so, wie sie sind, ohne Umschweife. Ich schweige viel, bin aber nicht in Gedanken versunken, sondern hellwach, niemals geistig weggetreten, niemals versponnen. Ich beobachte meine Umwelt genau und vorurteilslos und mache von meinem Recht der freien Meinungsäußerung den allermindesten Gebrauch. Daher bin ich überall wohlgelitten.
Ich habe kastanienbraune Haare und Rehaugen und eine schmale, aristokratische Nase. Meine Haut ist elfenbeinweiß. Wenn ich eitel wäre, würde es mir einfallen, daß ich eine Schönheit bin. Aber ich bin nicht eitel, außer daß ich auf Kleidung achte. Die Räume, die ich bewohne, sind groß und luftig und wenig möbliert. Außer einigen Teppichen, mit denen der Boden bedeckt und die Wände behängt sind, gibt es kaum Dinge, nichts, was mich belastet, wenn ich umziehe, was ich gern und häufig tue.
Ich bin natürlich nicht allein auf der Welt, und da ich absolut asexuell bin und alle meine Gefühle in Schmuck investiere, gibt es keine Geliebten in meinem Leben, sondern einzig Freunde. Meine Freunde sind wie ich, Einspänner. Ab und zu, nicht häufig, treffen wir uns. Wir sind eine Versammlung von nicht allzu klugen, aber heiteren Frauen. Wir sind keine Gschaftlhuber, nicht depressiv, nicht aggressiv, nicht jenseits von Gut und Böse, eher langweilig als aufreibend.

Mein Verstand könnte so bleiben, wie er ist. Klüger möchte ich gar nicht sein und dümmer auch nicht.
Ich heiße Sylvia oder Lilian oder Isabella. Vielleicht würde es in meinem Leben einige Tiere und Blumen geben. Aber das lasse ich offen, weil der Umgang mit anderen Lebewesen unter dem Prinzip der Nichteinmischung geregelt wäre. Ich würde mich so wenig in das Leben von Tieren und Pflanzen einmischen wie in das Leben von Menschen.

Kettenreaktion

In Wuppertal war eine Frau zum Einkaufen gegangen und hatte ihre Katze im geparkten Wagen zurückgelassen. Das Tier schlief ein. Als die Frau zurückkehrte und das Auto starten wollte, schreckte die Katze hoch und biß die Frau in den Arm. Die Frau verlor die Kontrolle über ihr Fahrzeug. Das Auto beschädigte einen anderen geparkten Wagen und prallte gegen eine Würstchenbude. Die Bude stürzte um und stieß gegen eine andere Bude, einen Fischimbiß-Stand. Dort wiederum fiel ein Topf mit heißem Fett um. Eine Verkäuferin erlitt Verbrennungen. Eine Passantin, die das alles – unversehrt – mit ansah, fiel danach in Ohnmacht und mußte ärztlich behandelt werden. Die Katze ist wohlauf.

(FAZ, 3. 9. 84)

Karl Mickel *Zwei Gedichte*

Die Jahre

Der Stein fällt desto schneller um so tiefer
Die Stundenschläge, mitbeschleunigt, ticken
Indem ich küsse schönstgezahnte Kiefer
Der Augen Blick trifft fernher mich im Rücken.
»Als deine Jahre nötigen geschwinder
Fällt der Stein. Weil nicht es deine Uhr ist
Die Allen tickt, ob kümmernd oder strebend«:
Spricht linker Hand es; rechter Hand: »Zum Schinder
Wünscht der die Welt, den Kosmos von sich gebend
Ganz die Natur, die gegen die Natur ist.«
Getröstet ich; da beide Stimmen streiten
Wird übermächtig keine mich besetzen
Auf eine je die andere will ich hetzen
Was bleibet, sind die Unannehmlichkeiten.

Kleines lineares Labyrinth

Den eingesunknen Zaun; die Greisin winzig
Die Hände vor dem Nabel ineinander
Gehakt; die Nägel grau; der erste Stein
Der kleinen Herde grauer Wackersteine
Schmust sich zum linken Fuße; runde Rücken
Gedrängt um runde Rücken; einer bockt

Gewahr ich aus dem Autofenster. Meine
Vierzigjährige Fahrerin
Frau Diewelt rast
Holterdipolter die Straße

Vorbey vorbey; das Weib im Rückspiegel
Hütet die Kinder; dann das Kind die Gänse
Doppelt weit, weil ich mich ja entferne
Zurücke, als das Weib; da seh ich vorn schon
Den eingesunknen Zaun; die Greisin winzig

Antonio Fian *Ein Krieg*

Im Niemandsland zwischen der Inneren Einöde und der Äußeren steht mein Haus, und ich werde es verlassen müssen. Vor wenigen Tagen noch hätte ich jeden, der gewagt hätte mir zu prophezeien, ich würde eines Tages aus dieser Gegend fortgehen, unbemerkt eines Nachts die Einöde verlassen, verlacht oder geschlagen, aber da war noch Frieden, und nun tobt der Krieg wie seit undenklichen Zeiten. Wie konnte nur Wallhans, der Wirt, auf den unseligen Gedanken verfallen und die Abhaltung eines Preisschnapsens ankündigen an einem Freitagabend, da alle Einödner im Gasthof versammelt waren, um wie gewöhnlich zu trinken und Karten zu spielen? Getrunken hatte auch er – stets ist ja ein trinkender Wirt der Anfang allen Übels –, die Hoffnung auf ein gutes Geschäft mochte ihn fortgerissen haben, und nun gab es kein Zurück. Langsam erhoben sich die heutigen Inneren Einödner, und Borg, ihr Wortführer rief: Ein Preisschnapsen? Sollen also wir Watter ausgeschlossen bleiben? Sollen wir, bloß weil wir seit Generationen dieses Spiel verabscheuen, das sich ausführen läßt mit zwanzig armseligen Karten, das Recht verspielt haben auf einen Geschenkkorb, eine Kiste Wein, auf eine halbe Sau?

Was half es da, daß Wallhans nun erbleichte und einzulenken versuchte. Dann eben Preiswatten, stammelte er mehr als er sagte, und wie auf einen Befehl leerten die heutigen Äußeren Einödner ihre Gläser und machten sich, viel früher als gewöhnlich, auf den Heimweg. Hier ist kein Platz für uns, rief einer von ihnen über die Schulter zurück in die Stube; wo Menschen den Ernst einer Zeit, in der alles knapp geworden und es das erste Gebot ist, mit wenigem auszukommen, nicht begriffen haben und noch wünschen, mit zweiunddreißig Karten sich zu vergnügen, haben wir nichts zu suchen.

Wallhans, selbst übrigens im Schnapsen erfahrener als im Watten, stürzte hinter ihnen hinaus und versprach, bei seinem ursprünglichen Vorschlag zu bleiben, so daß sie wieder eintraten, und schon wurden sie mit höhnischen Rufen begrüßt, »Schnapserschweine« tönte es von den Tischen herüber, und »Wattertrottel« antworteten die bei der Tür Stehenden, und dazwischen gestikulierte hilflos Wallhans und unterbreitete den gänzlich unsinnigen Vor-

schlag, erst ein Preisschnapsen und dann ein Preiswatten veranstalten zu wollen, denn er wußte längst selbst, daß kein Ausweg mehr war, und daß er sich auf eine Seite schlagen mußte, wenn er seinen Gasthof behalten wollte. Auch traf ihn keine eigentliche Schuld; niemand kann sich heute erklären, wie es je möglich war, daß Innere und Äußere Einöde in Frieden miteinander lebten, und viele leugnen inzwischen, daß es jemals so war.
Wallhans jedenfalls gesellte sich – was hätte er sonst tun sollen – zu den Schnapsern, sofort verließen die Watter den Gasthof, und die anderen zogen sich an den großen Tisch zurück, um Kriegsrat zu halten; nur ich selbst blieb neutral und entfernt von ihnen sitzen, ich spiele nicht Karten und galt deswegen immer schon als ein Sonderling, den man nur duldete, weil er niemandem gefährlich war.
Am nächsten Tag waren schon die neuen Ortstafeln aufgestellt, Borg hatte ein Wirtshaus eröffnet in der Inneren Einöde und auf einem großen Plakat ein Preiswatten angekündigt, während drüben, in der Äußeren, eine handgeschriebene Tafel vor Wallhans' Gasthof zum Preisschnapsen rief. Bald kündigten alle Inneren Einödner, die bisher nach R. hinaufgefahren waren, ihre Arbeit im Magnesitsteinbruch und fuhren von nun an mit den anderen hinunter nach P. in den Kalksteinbruch, umgekehrt wechselten alle dort beschäftigten Äußeren Einödner von P. nach R., um nicht auf dem Weg zur Arbeit das feindliche Dorf durchqueren zu müssen, so daß heute jeden Abend die Äußren Einödner, grau vom Magnesitstaub, heimkehren und ein bei Wallhans auf ein Bier und einen Enzian, um zu schnapsen, während die Inneren, vom Kalkstaub weiß, sofort auf einen Enzian zukehren bei Borg und auf ein Bier, um dort zu watten. Überall in der Umgebung, die sonst von allem nichts weiß und wahrscheinlich nie erfahren wird, kennt man heute die Inneren Einödner als ungemein listige Watter und als nahezu unbesiegbare Schnapser die Äußeren. Währenddessen zieht bei uns der Krieg immer weitere Kreise.
Es gibt nicht mehr das gemeinsame Indianerspiel der Einödner Kinder, nun fühlen sie sich zwei verschiedenen Stämmen zugehörig, dem der Gugga-Hondscha die Kinder der Inneren, dem der Horta-Gulta die Kinder der Äußeren Einöde. Alle Höhlen und Gräben der Umgebung werden von diesen beherrscht, während jene die uneingeschränkten Herren sind über die Bäume und Felsen. Kein Gugga-Hondscha würde wagen, eine Höhle zu betreten; wagte er es, er käme nicht ohne Prügel davon, und einem

Horta-Gulta, der versuchen wollte, auf einen Baum zu klettern, erginge es nicht anders.

Noch ist es ein stummer Krieg und ohne Gewalttätigkeiten, noch beansprucht die Innere Einöde nicht das Gebiet der Äußeren, und die Äußere nicht das der Inneren. Aber schon habe ich von meinem Fenster aus beobachtet, wie einer der Schnapser, neben der neuen Ortstafel stehend, nachdenklich hinüberschaute in die Innere Einöde, wie er, scheinbar gedankenlos, nacheinander mehrere Steine vom Boden auflas, auf Gewicht und Handlichkeit prüfte, wieder fallenließ und wie er einen schließlich einsteckte und zurückkehrte in den Gasthof, um dort weiterzuschnapsen. Schon habe ich gesehen, wie die Kellnerin aus Borgs am Rand der Ortschaft, unweit von meinem eigenen Haus gelegenen Gastwirtschaft hinüberspähte und -horchte in die Äußere Einöde und wie sie zwischendurch lächelnd ein kleines Fläschchen betrachtete, von dem sich unschwer erraten ließ, was es enthielt.

Wie es ist, kann es nicht bleiben; die große Schlacht muß beginnen, morgen vielleicht, vielleicht in tausend Jahren, und mein Haus wird, kann sie nicht verschonen. Wer schnapst, kann nicht Seite an Seite wohnen mit einem Watter, kein Watter erträgt Tag für Tag, und sei es nur von ferne, den Anblick eines Schnapsers, und wie müssen beide erst einen hassen, der nicht Karten spielt.

Alles ist gepackt, in der Nacht werde ich mich davonmachen. Es ist mir nicht gegeben, eines der Spiele zu erlernen, weder dem gerechten Krieg der Schnapser gegen die Watter noch dem gerechten Krieg der Watter gegen die Schnapser kann ich mich anschließen, es gibt hier kein Leben mehr für mich, weder jetzt, in einer geteilten Ortschaft, noch später, wenn der Krieg beendet sein wird, in einer Einöde der Schnapser oder in einer Einöde der Watter.

Erzähl mir nichts von den Menschen, sie
haben runde Füße und stolpern
über ihre Köpfe.

Ludwig Fels

Urs Widmer *Die Firma BRD*

Lieber Hans-Jürgen,

du willst eine Sammlung fiktiver Briefe herausbringen, in denen Abschiede von Deutschland simuliert werden sollen, also schreibe ich dir einen fiktiven Brief, obwohl ich dich ja auch schnell besuchen und dir das alles sagen könnte. Ich *habe* dir ja auch manches schon gesagt. Zum Beispiel, dass ich den Abschied gar nicht simulieren muss, weil ich wirklich gehe und dir sehr bald echte Briefe schreiben werde. – Also gut, schreibe ich dir halt von meinen siebzehn Jahren hier, und warum es mir reicht. – Als ich kam (1967), war manches doch recht anders als heute, *ich* jedenfalls war anders und brauchte das Neue; und es gab Neues, das mir gefiel und mich aus der festgezurrten Zwangsjacke meiner bisherigen Lebenskonzepte befreite. Eine Weile lang, bis in die Siebzigerjahre hinein, wirkte dieses Deutschland (dessen Name Bundesrepublik noch heute seltsam provisorisch wirkt, wie ein ungeliebter Vorname) auf mich wie ein Land der Freiheit. – Da lernten auch wir uns kennen, erinnerst du dich? – Ich bin mit den heftigsten Vorurteilen gegen alles Deutsche aufgewachsen und orientierte mich mehr an Italien und Frankreich; ein Risotto war mir allemal lieber als ein Strammer Max; und auch ein Diderot lieber als ein Lessing. Ich hatte mich dabei ganz selbstverständlich daran gewöhnt, dass ein Land Geschichte hat. Türschwellen, über die auch vor fünfhundert Jahren jemand gegangen war, Grussformeln, die denen der Römer glichen, oder Witze, die Bärte hatten. Dachte also, auch Deutschland habe eine Geschichte, die Bücher taten ja auch so; aber dann waren es doch eher Rübenfelder und hie und da ein armer Dom. Der Rest Schlachten. – Büchner, Kleist, Mörike, die ich liebte und liebe: sehr einsam in ihren Wäldern zwischen Analphabeten: sogar Goethe. – Was ich damit sagen will, ich habe mir siebzehn Jahre lang redlich Mühe gegeben, meine Vorurteile zu korrigieren. Du bist mein Zeuge. Wie oft habe ich (zu Besuch im Süden oder Westen) *die* Deutschen verteidigt. Behauptete, sie seien ganz anders; überhaupt nicht die humorlosen Trampel, die sie zu sein schienen; sie hätten genau so wahrhaftige Gefühle wie andere; *die* Deutschen seien auch nicht nur deshalb zuweilen antiautoritär gewesen, weil eine milde Staatsautorität es ihnen eine Weile lang fast nahegelegt habe; sie seien geradezu begeistert kinderfreundlich und beträten jeden Rasen; gerade ihre flattrige Identität (keiner da aufgewachsen, wo er lebe) mache sie durchlässig für Neues; auf dem Postamt hülfen mir die Beamten beim Paketemachen; und ich sei in siebzehn Jahren ein einziges Mal in eine Polizeikontrolle geraten; und überhaupt. – Aber die Jahre sind vergangen, und langsam holt mich das Vorurteil wieder ein und droht zum Urteil zu werden: es hat alles nichts genützt. – Lange Zeit nahm ich die schöne Oberfläche für das Ganze. Heitere Kollegen, nette Frauen, selbstlose unkorrupte Menschen mit den heftigsten politischen Interessen. Inzwischen fürchte ich, dass die unglückselige Geschichte der letzten paar hundert Jahre (Mord und Totschlag seit dem Dreissigjährigen Krieg) stärker geblieben ist als die schüchternen Versuche, sie zu überwinden. Wieder ist nicht, trotz vierzig friedlichen Jahren, genügend Muße gewesen, lange und langsam *leben* zu lernen; Geschichte zu spüren. – Wie soll das erst in dem Staat von heute möglich werden, der von immer mehr Leuten als eine Art Firma verstanden wird? – »Wir müssen konkurrenzfähig bleiben.« – Die gleichen Führungskonzepte für AEG und BRD; ein Management, das sich bis zur Austauschbarkeit gleicht; und auf der Strecke bleibt jedes aber auch jedes Bewusstsein dafür, dass *wir* der Staat *sind.* – Die scheinbar modernen Organisationsformen der Firma BRD sind dabei natürlich die vertraut-schrecklichen Hierarchien von früher, verstärkt durch amerikanisches Effizienzdenken und gemildert durch einen saloppereren Umgangston. – Das Schlimme am neuen Staatsklima ist ja nicht eine wie auch immer geartete »Wende« zu »konservativen Werten« hin, sondern dass in ihm das uralte innere Programm so vieler wiederbelebt und legitimiert wird; »Erdmuthe! Dankward! Wirds bald?!«; dass sich fast automatisch und in einem Tempo, das die unbewusste Erleichterung signalisiert, die ehedem fast netten Menschen (Nachbarn, Redakteure, Berufsfreunde) in die alten Monstren zurückversteinern. – Alles wird erneut formalisiert, längst bringt keiner mehr etwas allein zustande oder ist allein an etwas schuld. – Junge Mädchen prozessieren gegen ihre Väter wegen Ausbildungsgeldern. – Ich selbst, der ich versuche, lebensmutig zu bleiben, bin gegen Brand, Hagel, Leben und Tod versichert bis über beide Ohren. Zahle 107 % meines Einkommens als Prämien und lebe vom Rest. – Bist du noch da, Hans-Jürgen? Ich wollte dir nämlich sagen, wie sehr es mich erschreckt zu sehen, was für jähe Folgen das für unser aller Fühlen hat (fürs Denken sowieso). Es gehorcht mehr und mehr formalisierten Abmachungen, kaulquappenartig, gerade auch da und besonders schmerzlich, wo Menschen, die wie Freunde aussehen, aus irgendeiner altdumpfen Progressivität heraus besonders heftig auf ihrer vermeintlichen Spontaneität beharren. Gerade sie laufen besonders schutzlos in die von niemandem bewusst aufgestellte Falle hinein und sind hemmungslos gefühlsselig, wenn eines der kollektiv sanktionierten Gefühlsthemen benannt wird. Fühlen sich, umgeben von Gleichfühlenden, noch einmal ganz stark als Fühlende. Nur sind ihre Gefühle nun keine individuelle Regung mehr, sondern haben vorgegebene Themen, durchaus redliche oft, aber eben verabredete. Niemand scheint eine Einsamkeit aushalten zu können. Es gibt einen genau definierten Betroffenheitskatalog. Hie und da wird ein Thema aus dem Katalog gestrichen, zuweilen ein neues aufgenommen. Das Fühlen von immer mehr Menschen scheint von einem Als-ob-Fühlen ersetzt zu werden, und dies sogar noch im besten Fall, denn im schlechteren sind die Menschen in Fleisch und Blut wie ihre Vorbilder in der Werbung und halten Autoaufkleber wie »Ich bremse auch für Tiere« für humane Regungen. (Von der Literatur will ich hier nicht reden, aber die Als-ob-Fühler schreiben ja auch und machen mehr und mehr jedes Gespür für jene Bücher kaputt, denen eine simple themenbezogene Didaktik fremd ist und die autonome Leser erhoffen.) – Lieber Hans-Jürgen! Siebzehn Jahre hatte ich mir gesagt, wenn mich die Vorurteile einholten, Urs, wieso sollte zwischen dir Öpfelischweizer und einem Deutschen ein Unterschied sein, wieso? Erklärte mir also alle meine Abwehranfälle als Projektionen und hatte gewiss fast immer recht. Ich bin ein Weltmeister im Projizieren, ich schaffe es sogar, das Wetter mit meinem Seelenschmerz zu verwechseln, und so war mir schon auch klar: all das, was ich den Deutschen vorwarf, war *ich*. Zusammen mit vielen andern (ganz Europa) schob und schiebe ich ihnen den ganzen Faschismus in die Schuhe (als seien Massenmorde eine rein deutsche Spezialität), und die »besseren« Deutschen nahmen und nehmen die Schuld, die just nicht ihre ist, fast demütig auf sich; quälen sich stellvertretend für den grossen Haufen. – Trotzdem. Trotzdem haben andere anderswo eine andere Geschichte, eine ganz andere: eine, von der sie gern erzählen. Herzliche Tote. In Deutschland gibt es nur Tote, an die keiner denken darf, weil eine diffuse Schuld über ihnen liegt. – Natürlich haben alle Menschen Tote in ihren Erinnerungen, oft auch gewaltsam Gestorbene, aber anderswo können diese sich zu mutmachenden Geschichten verklären. Wo die Lebenden keine Schuld haben, werden die Toten leicht. – Hier in Deutschland spricht kaum einer von *seinen* Toten; fast jeder jedoch nahezu manisch von *allen* Toten. Es ist ein alltägliches Ritual, an den *allgemeinen* Schrecken zu erinnern. Im »Spiegel« das allwöchentliche Foto. – Natürlich ist das der alte Hut mit der Trauer. Wo nicht getrauert wird, wir wissen es alle, lebt die Vergangenheit nicht. Offenbar sind noch immer und vielleicht mehr denn je viele bereit, jeden Preis dafür zu zahlen, dass diese nicht aushaltbare Trauer des eigenen Lebens ungefühlt bleibt. – Ich verstehe es ja auch. Lieber Mercedes fahren und wie ein aufgeblasener Frosch aussehen als all das Elend noch einmal spüren. Sieger werden, gleich um welchen Preis. Ist ja auch egal, Sieger diktieren die Bedingungen. (Darum auch die völlig masslose Niederlagenempfindlichkeit, nicht nur im Fussball. Kleine Alltagsniederlagen erinnern nicht nur an die grossen Niederlagen von früher, sie drängen einen erneut in die Rolle der Opfer und öffnen dem alten Jammer die Tür.) – Keine Vergangenheit also. Also auch keine Gegenwart (die *lebt*) und, natürlich, keine Zukunft. – Der Slogan *No future* hat vielleicht nicht jenen apokalyptischen Sinn, den ihm manche geben, aber er beschreibt unübersehbar das Gefühl, dass aus einer ungelebten Vergangenheit und Gegenwart heraus kein Zukunftsgefühl entstehen kann. – Seit 1945 haben alle so entschlossen nach vorn gestarrt, dass jeder Fortschritt, sei er noch so blödsinnig, willkommen war; immer noch besser als ein Blick nach hinten. Wiederaufbau, Autofahren, sexuelle Befreiung, McDonalds – alles subsumiert in der Beschwörungsformel *Alles klar*. – Fast vierzig Jahre lang wirkte der Zauber. Nie blickte jemand *mit Mißtrauen* nach vorn, denn vorn war die Rettung. Deshalb sind *die* Deutschen von den neuen Bedrohungen (die für sie neuer sind als für andere) so besonders schutzlos erwischt worden. Pershing, kaputter Wald, elendes Wasser: plötzlich war auch da, wo sonst immer das Ziel gewesen war, etwas Schreckliches. Ein ganzes Volk erstarrte im Laufen und steht heute noch wie Lots Weib. – Was nun? – Zur Zeit kann man zusehen, wie die Mechanik der altgewohnten Handlungen noch funktioniert. Es werden Geschäftsabschlüsse getätigt und so etwas wie Scherze gemacht. Nur ohne ein Gefühl für eine Zukunft. Keiner macht mehr einen Plan, der über die Feierabendgestaltung hinausgeht. Es ist, als habe sich ein ganzes Volk, ohne sich zu verabreden, aufgegeben. Als habe es das Urteil akzeptiert, dessen Inhalt es noch nicht kennt; aber so etwa können wir uns den schon vorstellen. – Der Vorgang hat etwas von einem altreligiösen magischen Ritual, als gebe es in Europa einen Konsens, dass wir, ein uralter Kontinent, etwas von uns opfern müssen, um den Rest zu retten; zu retten vor der Unbekümmertheit der jungen Kontinente. Wenn das aber sein muss, dann soll es dieses Deutschland sein, das sich erstens selber anbietet und das zweitens in Menschengedenkzeiten wenig getan hat, sich die Liebe der andern zu erwerben. – Meint denn jemand im Ernst, die andern *liebten* die Deutschen, wie uns irgendwelche Umfragen immer wieder glauben machen wollen? Und ist es *nur* Paranoia, wenn uns immer mehr Militärkonvois auffallen (nicht nur amerikanische), als sollten wir uns langsam aber sicher an ihren Anblick gewöhnen? – In diesen Porzellanladen platzen nun zu allem Unglück auch noch die Elefanten der neuen Generation hinein, die Karl-Heinz Bohrer die Unschuldigen genannt hat: die die Vergangenheit so in sich ausgeblendet haben, dass sie tatsächlich auch glauben, mit nichts etwas zu tun zu haben. »Die im deutschen Namen begangenen Verbrechen.« Angesichts dieser Intercitys füllenden Masse grauer Anzüge ohne erkennbare Köpfe wirken die immer seltener werdenden Altnazis inzwischen nahezu individuell: etwa der vergangene Herr Bundespräsident. – Man hat 1945 die Stunde Null genannt, *jetzt* ist die Stunde Null. Bald wird es keinen einzigen alten Nazi mehr geben, nur ein paar neue und viele viele Unschuldige. – Es ist nicht so sehr Herr Zimmermann, der mich wegtreibt (obwohl mich der von ihm nur mühsam nicht ganz so wörtlich formulierte Ruf »Ausländer raus« schmerzlich trifft; ich bin nämlich einer; gehe ja schon), es sind eher die vielen überall, die ihr Leben nur noch aus ihrer Funktion ableiten und darum alles tun, sie sich zu erhalten, und nichts darüber hinaus. Ein Abteilungsleiter ist ein Abteilungsleiter ist ein Abteilungsleiter. Nimm Herrn Kohl seine Funktion, und das kummergewohnteste Arbeitsamt ist ratlos. Wohin mit ihm?, zum Fernsehen vielleicht? Da ist er doch schon, aus jeder zweiten Tür blickt er heraus. – Manchmal, wenn ich meinen religiösen Rappel habe, denke ich, dieses Land ist das Werk des Satans; aber dann kommt mir gleich der Verdacht, dass Gott wie Stoltenberg aussieht. Wer kann es wissen. – Was unter diesen Bedingungen aus einer Demokratie wird, wage ich gar nicht zu denken. – Warum also gehe ich? Pershing? Nun, schon, auch. Ich gebe zu, dass es mir nicht unangenehm sein wird, einige Zeit keine uniformierten Amis mehr anschauen zu müssen. Aber mich retten, das zu können bilde ich mir nicht ein. Eher schon ziehe ich mich ein bischen vor der Art zurück, wie hier auf diese Drohungen reagiert wird; vor diesen Bekenntnissen, die die Opferrolle fast gierig akzeptieren. Vor dem vielen Absoluten hier (ich liebe das Relative so sehr). – Ich weiche der kalten Depression aus, die das Grundklima der Bundesrepublik geworden ist. – Im übrigen ist Weggehen eine Handlung, und Handeln ist leichter als Nichtstun. Es vermittelt wenigstens die Illusion, sein eigenes Schicksal zu bestimmen. – Und ich kann in einem Klima ohne Trauer nicht schreiben; Schreiben braucht ein Minimum an Zukunft. – Alles in allem habe ich Angst, dass ich, wenn ich bleibe, selber das werde, was ich jetzt noch sehen zu können glaube. – Lieber Hans-Jürgen, wie sagte Haraucourt? »Partir c'est revivre un peu?« So ähnlich jedenfalls.

Herzlich dein Urs

Was konstruktiv ist

Kulturpolitik sollte in jedem Falle auch eine Einladung an den Künstler sein, sich dem Gemeinwesen konstruktiv zu verbinden. Die Ästhetik des Widerstandes, eine in Ausnahmefällen gewiß notwendige und ehrenvolle Haltung, jetzt, unter ganz veränderten Verhältnissen, zu einem Dauerzustand zu machen, muß, von allem anderen einmal abgesehen, künstlerische Fruchtbarkeit erst noch beweisen.
Ich habe den Eindruck, daß die Architektur sich anschickt, so etwas wie die Leitkunst der Postmoderne zu werden. Ich begrüße das auch deswegen, weil diese Kunst ihrem Wesen nach affirmativ und konstruktiv ist.

Alfred Dregger in der ›Kulturdebatte‹ des Bundestags, 9. 11. 1984

Rolf Haufs *Aufrechter Gang, schmerzhaft*

Krumm gelegen zögre ich das Maul
Zu voll mit Fröhlichkeit zu nehmen
Die Folgen unnötger Bewegung

Sitzen im Lendenwirbel fest
Fast Stolz in viel zu kurzen Schritten
Erkennen wir: es wäre besser uns

Wenn wir auf allen Vieren kröchen
Schnell kämen wir auf andere Gedanken
Der Kopf hätt Bodennähe röche früh

Was uns entgegenwächst. Der Regen
Liefe frisch den Rücken runter
Und eine Wetterhaut wüchs uns ganz ungeniert

Wie sprängen wir von hinten auf manch Wonne auf
Und rasch wär Flucht käm uns Gefahr
Ein wahrhaft tröstlich Waffen

Doch fürcht ich schmerzhaft bleibt
Aufrechter Gang in diesem Leben
Denn dies nicht wahr dies unterscheidet uns

Von allen Wesen die wir kennen
Ich dank dafür und krümm mich krümm
Zur Erde hin.

Michael Krüger *Eine grauenvolle Geschichte*

Wir hatten beschlossen, nach England zu fahren. Dieser Entscheidung waren lange und unerquickliche Auseinandersetzungen darüber vorausgegangen, ob der Winter, den wir außer Landes zu verbringen gedachten, im Süden unserer Arbeit förderlicher wäre als im Norden, wobei die Freundin geltend machte, im Süden könne sich auch der Körper erholen, was mittelbar auch der Arbeit zugute käme, ich dagegen anführte, der Süden verführe zum Müßiggang, zur Schaulust und zum Flanieren und verdränge die Arbeit ins zweite Glied, während der Norden, und zumal an der Westküste Englands, wo das Klima wegen des Golfstroms milde sei, den Blick auf die Arbeit durch keinerlei Ablenkung konzentriere. Für uns Mitteleuropäer bedeutet der Süden im Winter Faulheit, der Norden Arbeit, mit diesem fadenscheinigen Argument, nach langen Sitzungen in aggressiver Mutlosigkeit vorgebracht, siegte ich plötzlich über die immer farbloser werdenden sonnenüberfluteten Terrassen, über klare Sternenhimmel und ordentliche Restaurants.

Es war ein widerwärtiger Sieg, und zwar nicht nur, weil er tiefe Spuren in meinen Nervenbahnen hinterließ, sondern weil ich mitansehen mußte, wie ich durch meinen zweideutigen Charme und durch lächerliche taktische Finten einen unverdienten Machtzuwachs erhielt, der es mir ermöglichte, alle noch so plausiblen Einwände, deren Richtigkeit auf der Hand lag, niederzukämpfen. Die Sonne des Zweifels, die so lange und gnadenlos über mir und meiner Arbeit geschienen hatte, war plötzlich untergegangen, nun herrschte ein bitterböses Klima, in dem meine erregten Monologe ihren furchtbaren asozialen Charakter entfalten konnten. Denn natürlich war mir wie jedem normalen Menschen England im Winter verhaßt, und die bloße Vorstellung, an einem zu niedrigen, wackligen Teetisch in einem klammen Hotelzimmer zu sitzen und womöglich mitansehen zu müssen, wie die Arbeit der Freundin, eine Untersuchung über die soziale Funktion der Stadtränder, vorankam, während meine Arbeit, von den sich rasch ausbreitenden Papieren der Freundin an die Kante des einzigen Tisches gedrängt, stockte, diese Vorstellung war so niederschmetternd und demütigend, daß ich sie um alles in der Welt verteidigen mußte, ohne den Grund für diese nach außen hin lächerlich erscheinende Strategie angeben zu dürfen. Ich mußte etwas aufs Spiel setzen, um etwas anderes zu retten.

Die letzten zwei Wochen vor unserer Abreise beschäftigte ich mich damit, die Übertragung der Notizen in die Hefte abzuschließen, eine mechanische Arbeit, wie ich zuerst angenommen hatte, die sich aber bald als außerordentlich bedeutsam herausstellte. Denn nun, in der zig-fachsten Wiederholung, in der Abschrift der Abschrift dieser von mir fast auswendig gewußten Sätze, entstand etwas, was ich bis dahin so schmerzlich vermißt hatte, obwohl es als Idee der einzige Grund aller meiner Anstrengungen gewesen war: die Sätze des Philosophen und meine Kommentare fügten sich unter der nachzeichnenden Hand zu einer zwar noch unfertigen, im Detail auch unsauberen, aber doch erkennbaren Physiognomie, in der sich drei Elemente zu einem Vexierbild verschränkten: das »Gesicht« des Jahrhunderts, das »Gesicht« des Philosophen und mein eigenes. Die Verzahnung schien mir während der Arbeit derart perfekt gefügt, daß ich zu meinem eigenen eitlen Vergnügen probehalber die Zitathinweise seitenlang tilgte und schließlich tatsächlich nicht mehr mit Sicherheit sagen konnte, wem welcher Satz zuzuschreiben war. Die anfänglich aufkommende Angst, in diesem Text unterzugehen, wich bald der euphorischen Gewißheit, die Arbeit in den vor mir liegenden drei Wintermonaten zu einem triumphalen Abschluß bringen zu können, der auch hartnäckige Gegner meiner ungewöhnlichen Methode von ihren frag-würdigen Vorzügen überzeugen mußte. Dann wäre Schluß mit den scholastischen Krämern unserer gegenwärtigen Geistesverwaltung, die mäklig sich Stücke aus dem Ganzen herauskrümelten, um sie mit ihrer je anders angerührten akademischen Soße zu übergießen und ungenießbar zu machen. Und wie im Rausch vernichtete ich all die kleinmütigen Vorformen, all die Karteikarten, losen Zettel und zerfledderten Notizbücher mit ihren ehrgeizigen Kommentaren und besserwisserischen Fußnoten, und legte meine neun makellosen Hefte zusammen mit den Gesammelten Werken des Meisters in eine eigens zu diesem Zweck gekaufte Ledertasche, wo sie bis zu unserer Ankunft in England einem letzten innigen Austausch überlassen sein sollten.

Einen Tag vor Heiligabend brachen wir endlich auf. Das Wetter war so entsetzlich, daß ich die Freundin in Vorahnung der englischen Verhältnisse auf eine gleichermaßen übertriebene wie kindische Weise umsorgte, der sie sich, offenbar in richtiger Vorahnung dessen, was sie zu erwarten hatte, barsch entzog. Auf dem

Flughafen zeigte ich ihr mit verächtlicher Geste die nach meiner Einschätzung unappetitlich aussehenden Touristen, die sich, behangen mit Strohhüten und Taucheranzügen, vor den Schaltern nach Süden drängelten, während ich für die nicht weniger unappetitlichen, in der Mehrzahl bereits angetrunkenen und lärmenden Englandreisenden ausschließlich lobende Worte fand. Am liebsten wäre ich sofort umgekehrt. Aber als ich den Vorschlag machte, erhielt ich zur Antwort einen derart erschrockenen Blick, den ich unmöglich auf die nicht besonders intelligente Frage, sondern ausschließlich auf einen Geisteszustand, der solche Fragen zulassen konnte, beziehen mußte, daß ich mich stumm und betreten wieder in die Reihe stellte und froh war, endlich mit der Abfertigung an der Reihe zu sein. Das Fräulein, entweder von Natur aus reizbar oder von den Anpöbeleien der ihren Ruf vollends vernichtenden Engländer entnervt, bestand darauf, daß auch meine unförmige Umhängetasche, der Schrein, den ich um jeden Preis bei mir behalten wollte, aufgegeben werden müsse, und gab mir, als ich ihr wortreich zu erklären versuchte, welchen lebenswichtigen Inhalt diese so harmlos aussehende Tasche berge, mit verletzender Ignoranz die Ticketts mit der Bemerkung zurück, ihre Fluggesellschaft könne gerne auf meine Anwesenheit mit Tasche verzichten. Und ohne ein weiteres Wort hob sie ihre Hand über meine Schulter, um die Flugunterlagen meines Hintermannes, der seinen Körper auf die ekelhafteste Weise gegen meinen gepreßt hielt, entgegenzunehmen. Und dieser offenbar ohne Manieren auskommende Mensch nahm seinerseits meine und meiner Gefährtin Gepäckstücke von der Waage und stellte sie mir so eng vor die Füße, daß mir gar nichts weiter übrigblieb, als mehrere Schritte zurückzuweichen.
Ich rief einen Dienstmann, der informierte einen Polizisten, der schließlich einen höheren Angestellten unserer als windig beleumundeten Fluggesellschaft beibrachte. Dieser Mann, wenn ich so sagen darf, erklärte mir mit fürchterlicher, deutsche und englische Wörter kunterbunt zusammenschmeißender Ausdrucksweise und mit feuchter Aussprache, auch ihn könne mein Argument von der lebensnotwendigen Anwesenheit der Tasche in Sichtnähe nicht überzeugen. Stattdessen könne er mir aber versichern, daß unsere Maschine die letzte wäre, die den Flugplatz verließe, eine Verwechslung sei also ausgeschlossen, und in weniger als zwei Stunden »können Sie Ihr Baby wieder unversehrt in die Arme nehmen«. Nach einem Blick auf die Freundin, die mich nun tat-

sächlich so anstarrte, wie man ein geisteskrank gewordenes Familienmitglied anstarrt, gab ich mich geschlagen, nahm die Tasche von der Schulter und überließ mein Lebenswerk dem unverschämt vor sich hin kichernden Fräulein.

Schlapp saß ich in einem der kalten Plastiksessel und malte mir aus, wie das unerhörte Porträt des Philosophen nach Ibiza oder Madeira flog, von Tauchermasken angestarrt und von Schnorcheln bedrängt, ich sah, wie die Tasche auf einem Gepäckband in Djerba einsame Kreise zog, wie eine gleichgültige arabische Hand sie schließlich herunternahm und in einem muffigen Abstellraum öffnete, wie die Gesammelten Werke mit meinen Anmerkungen und meine Hefte in einem dankbaren Papierkorb verschwanden, wie die Tasche über eine mit blauem Stoff überspannte Schulter gehängt wurde – mit einem Wort, ich sah, wie beides, Tasche und Inhalt, auf getrennten Wegen für immer von mir Abschied nahmen. Ich war so tief in meine tristen Visionen eingetaucht, daß meine Gefährtin mir mehrere Male eine Durchsage wiederholen mußte, die kurz vorher durchgegeben worden war: daß nämlich der Flug wegen anhaltenden dichten Nebels in England auf den nächsten Morgen verschoben werden müsse und man uns allen eine geruhsame Nacht wünsche. Auch der Zusatz konnte mich nun nicht mehr aus meiner tiefen Apathie aufschrekken: das Gepäck solle die Nacht über in einem versiegelten Raum des Flughafengebäudes verbleiben.

Wir fuhren stumm nach Hause in eine wie seit Jahren verlassen wirkende Wohnung mit einem eigentümlich fremden Geruch, aßen schweigend ein sogenanntes Büchsengericht vor dem Fernseher, der strahlendes Wetter im Süden, naßkaltes Nebelwetter im Norden versprach, ich verbrachte in einem abgezogenen Bett eine der traumreichsten und peinigendsten Nächte meines Lebens, anderntags fuhren wir ohne Frühstück wieder zum Flughafen, betraten mit einer Gruppe übernächtigter, nun vollends betrunkener britischer Soldaten das Flugzeug, flogen schweigend über einer weichen Wolkendecke, die unerhört sanft die Wunden des Landes, das wir verließen, verbarg, in das tatsächlich kalte England, stiegen übellaunig aus und standen verbissen schweigend vor dem sich allmählich leerenden Fließband, nahmen unsere Koffer herunter und warteten so lange, bis das Band schließlich mit einem gurgelnden Ruck zum Stillstand kam. Es war der Mittag des Heiligen Abends, meine Tasche war verschwunden, mein Leben verändert.

Herta Müller *Die Grabrede*

Auf dem Bahnhof liefen die Verwandten neben dem dampfenden Zug her. Bei jedem Schritt bewegten sie den hochgehobenen Arm und winkten.

Ein junger Mann stand hinter dem Zugfenster. Die Scheibe reichte ihm bis unter die Arme. Er hielt einen Strauß weißer zerfledderter Blumen vor der Brust. Sein Gesicht war starr.

Eine junge Frau trug ein fades Kind aus dem Bahnhof hinaus. Die Frau hatte einen Buckel.

Der Zug fuhr in den Krieg.

Ich knipste den Fernseher aus.

Vater lag in einem Sarg mitten im Zimmer. An den Wänden hingen so viele Bilder, daß man die Wand nicht sah.

Auf einem Bild war Vater halb so groß wie der Stuhl, an dem er sich festhielt.

Er hatte ein Kleid an und stand auf krummen Beinen, die voller Speckfalten waren. Sein Kopf war birnenförmig und kahl.

Auf einem anderen Bild war Vater Bräutigam. Man sah nur seine halbe Brust. Die andere Hälfte war ein Strauß weißer zerfledderter Blumen, die Mutter in der Hand hielt. Ihre Köpfe waren so nahe nebeneinander, daß sich ihre Ohrläppchen berührten.

Auf einem anderen Bild stand Vater kerzengerade vor einem Zaun. Unter seinen hohen Schuhen lag Schnee. Der Schnee war so weiß, daß Vater im Leeren stand. Seine Hand war über den Kopf gehoben zum Gruß. Auf seinem Rockkragen waren Runen.

Auf dem Bild, das daneben hing, hielt Vater eine Hacke auf der Schulter. Hinter ihm stand ein Maisstengel, der in den Himmel ragte. Vater hatte einen Hut auf dem Kopf. Der Hut warf einen breiten Schatten und verdeckte Vaters Gesicht.

Auf dem nächsten Bild saß Vater am Lenkrad eines Lastautos. Das Auto war mit Rindern beladen. Vater führte jede Woche die Rinder ins Schlachthaus in die Stadt. Vaters Gesicht war schmal und hatte harte Kanten.

Auf allen Bildern war Vater mitten in einer Geste erstarrt. Auf allen Bildern sah Vater so aus, als ob er nicht mehr weiter wußte. Aber Vater wußte immer weiter. Deshalb waren alle diese Bilder falsch. Von den vielen falschen Bildern, von allen seinen falschen Gesichtern war es kalt geworden im Zimmer. Ich wollte mich vom

Stuhl erheben, aber mein Kleid war an das Holz festgefroren. Mein Kleid war durchsichtig und schwarz. Wenn ich mich rührte, knirschte es. Ich erhob mich und berührte Vaters Gesicht. Es war kälter als die Gegenstände in dem Zimmer. Draußen war es Sommer. Die Fliegen ließen im Flug ihre Maden fallen. Das Dorf zog sich neben dem breiten Sandweg hin. Er war heiß und braun und brannte einem mit seinem Glimmer die Augen aus.
Der Friedhof war aus Geröll. Auf den Gräbern lagen große Steine.
Als ich auf den Boden sah, merkte ich, daß meine Schuhsohlen nach oben gekehrt waren. Ich war die ganze Zeit über auf meinen Schnürsenkeln gegangen. Sie lagen lang und dick hinter mir. An den Enden ringelten sie sich ineinander.
Zwei kleine wankende Männchen hoben den Sarg vom Leichenwagen und senkten ihn mit zwei zerriebenen Stricken ins Grab. Der Sarg schaukelte. Ihre Arme und ihre Stricke wurden immer länger. Das Grab war trotz der Trockenheit mit Wasser gefüllt.
Dein Vater hat viele Tote auf dem Gewissen, sagte eines der betrunkenen Männchen.
Ich sagte: Er war im Krieg. Für fünfundzwanzig Tote hat er eine Auszeichnung bekommen. Er hat mehrere Auszeichnungen mitgebracht.
In einem Rübenfeld hat er eine Frau vergewaltigt, sagte das Männchen. Zusammen mit vier anderen Soldaten. Dein Vater hat ihr eine Rübe zwischen die Beine gesteckt. Als wir weggingen, hat sie geblutet. Es war eine Russin. Nachher nannten wir noch wochenlang alle Waffen Rübe.
Es war Spätherbst, sagte das Männchen. Die Rübenblätter waren schwarz und zusammengeklappt vom Frost.
Dann trug das Männchen einen dicken Stein auf den Sarg.
Das andere betrunkene Männchen sprach weiter:
Im neuen Jahr gingen wir in einem deutschen Städtchen in die Oper. Die Sängerin sang so schrill, wie die Russin geschrien hatte. Wir verließen der Reihe nach den Saal. Dein Vater ist bis zum Ende geblieben. Nachher nannte er wochenlang alle Lieder Rübe und alle Frauen Rübe.
Das Männchen trank Schnaps. In seinem Bauch gluckste es. Ich habe soviel Schnaps im Bauch, wieviel Grundwasser in den Gräbern ist, sagte das Männchen.
Dann trug das Männchen einen dicken Stein auf den Sarg.
Neben einem weißen Marmorkreuz stand der Grabredner. Er

kam auf mich zu. Er hatte beide Hände in den Rocktaschen vergraben.
Der Grabredner hatte eine handgroße Rose im Knopfloch stekken. Sie war samtig. Als er neben mir stand, zog er eine Hand aus der Rocktasche hervor. Es war eine Faust. Er wollte die Finger geradebiegen und konnte nicht. Der Schmerz ließ seine Augen dick werden. Er begann leise vor sich hin zu weinen.
Mit den Landsleuten versteht man sich nicht im Krieg, sagte er. Die lassen sich nicht befehlen.
Dann trug der Redner einen dicken Stein auf den Sarg.
Jetzt stellte sich ein dicker Mann neben mich. Er hatte einen Kopf wie ein Schlauch und kein Gesicht.
Dein Vater hat jahrelang mit meiner Frau geschlafen, sagte er. Er hat mich im Suff erpreßt und mir das Geld gestohlen.
Er setzte sich auf einen Stein.
Dann kam ein runzeliges dürres Weib auf mich zu, spuckte auf die Erde und sagte pfui zu mir.
Die Leichenversammlung stand am anderen Ende des Grabes. Ich sah an mir herab und erschrak, weil man meine Brüste sah. Ich fror.
Alle hatten die Augen auf mich gerichtet. Sie waren leer. Ihre Pupillen stachen unter ihren Lidern. Die Männer hatten Gewehre auf den Schultern hängen, und die Frauen rasselten mit Rosenkränzen.
Der Redner zupfte an seiner Rose. Er riß ihr ein blutrotes Blatt aus und aß es.
Er gab mir ein Zeichen mit der Hand. Ich wußte, daß ich jetzt eine Rede halten mußte. Alle sahen mich an.
Es fiel mir kein Wort ein. Die Augen stiegen mir durch die Kehle in den Kopf. Ich führte die Hand zum Mund und zerbiß mir die Finger. Auf meinem Handrücken sah man die Male meiner Zähne. Meine Zähne waren heiß. Aus den Mundwinkeln rann mir Blut auf die Schultern.
Der Wind hatte einen Ärmel meines Kleides ausgerissen. Er schwebte hauchig und schwarz in der Luft.
Ein Mann lehnte seinen Gehstock an einen dicken Stein. Er legte das Gewehr an und schoß den Ärmel ab. Als er vor meinem Gesicht niedersank, war er voller Blut. Die Leichenversammlung klatschte Beifall.
Mein Arm war nackt. Ich spürte, wie er an der Luft versteinte.
Der Redner gab ein Zeichen. Der Beifall verstummte.

Wir sind stolz auf unsere Gemeinde. Unsere Tüchtigkeit bewahrt uns vor dem Untergang. Wir lassen uns nicht beschimpfen, sagte er. Wir lassen uns nicht verleumden. Im Namen unserer deutschen Gemeinde wirst du zum Tode verurteilt.

Alle richteten ihre Gewehre auf mich. In meinem Kopf war ein betäubender Knall.

Ich fiel um und erreichte den Boden nicht. Ich blieb quer über ihren Köpfen in der Luft liegen. Leise stieß ich die Türen auf.

Meine Mutter hatte alle Zimmer ausgeräumt.

Im Zimmer, in dem die Leiche aufgebahrt gewesen war, stand nun ein langer Tisch. Es war ein Schlachttisch. Ein leerer weißer Teller und eine Vase mit einem Strauß weißer zerfledderter Blumen standen darauf.

Mutter hatte ein durchsichtiges schwarzes Kleid an. Sie hielt ein großes Messer in der Hand. Mutter trat vor den Spiegel und schnitt sich mit dem großen Messer ihren grauen dicken Zopf ab. Mit beiden Händen trug sie ihn zum Tisch. Sie legte ihn mit einem Ende in den Teller.

Ich werde mein ganzes Leben in Schwarz gehen, sagte sie.

Sie zündete den Zopf an einem Ende an. Er reichte von einem Ende des Tisches bis zum anderen. Der Zopf brannte wie eine Zündschnur. Das Feuer leckte und fraß.

In Rußland haben sie mich geschoren. Das war die kleinste Strafe, sagte sie. Ich taumelte vor Hunger. Nachts kroch ich in ein Rübenfeld. Der Hüter hatte ein Gewehr. Wenn er mich gesehen hätte, hätte er mich umgebracht. Das Feld raschelte nicht. Es war Spätherbst, und die Rübenblätter waren schwarz und zusammengeklappt vom Frost.

Ich sah Mutter nicht mehr. Der Zopf brannte noch. Das Zimmer war voll Rauch.

Sie haben dich umgebracht, sagte meine Mutter.

Wir sahen uns nicht mehr, soviel Rauch war im Zimmer. Ich hörte ihre Schritte dicht neben mir. Ich tastete mit ausgestreckten Armen nach ihr.

Sie hakte auf einmal ihre knochige Hand in mein Haar. Sie schüttelte meinen Kopf. Ich schrie.

Ich riß die Augen auf. Das Zimmer drehte sich. Ich lag in einer Kugel aus weißen zerfledderten Blumen und war eingeschlossen.

Dann hatte ich das Gefühl, daß der Wohnblock umkippt und sich entleert in den Boden.

Der Wecker läutete. Es war Samstagmorgen, halb sechs.

Hans-Eckardt Wenzel *Winter*

Der Schnee fällt weiß und wälzt sich auf den Steinen.
Die Toten frieren. Blaß klirrt mein Gesicht.
Die aufgerissne Straße schmerzt mich an den Beinen.
Auf meiner Netzhaut brennt das Licht.

Du hörst, die Blätter sind gefroren. Brücken
Zersprangen gläsern, als ich drüberstieg.
Ein Schneeball schlägt an meinen Rücken.
Verstecke mich im Mantel vor dem Krieg;

Mit nacktem Fuß, ich spüre, daß ich lebe.
Ich tau das Brautkleid weg im Fieberwahn.
Ich merke, wie ich an den Steinen klebe
Und falle stumpf in eine Straßenbahn.

Das ist die Zeit, sagst du, in der wir frieren,
Und schlägst mich warm, aufs Nasenbein.
Es tropft ein altes Gift aus meinen Nieren.
Durch deinen Kopf fliegt rot ein Stein.

Jetzt komm, wir wollen Spuren suchen.
Kann sein, kein bessres Jahr wächst mehr heran.
Wie große Vögel hängen an den Buchen,
Den roten Buchen diese Toten dran.

Hans Mayer · *Ein Bild von Deutschland*

Zwei Erfahrungen sind mir geblieben vom Leben unter den Deutschen, seit ich im Oktober 1945 in die deutsche Fremde zurückkehrte. Einmal der unsentimentale Ernst, mit welchem man inmitten der Trümmer zu arbeiten und zu lernen gewillt war. Schöne Jahre, in allen vier Besatzungszonen; und ich spürte damals, daß ich doch wieder einmal dazugehören könnte. Das Leiden war real und unermeßlich, doch selten nur trug man es zur Schau. Im Gegenteil entdeckte ich unter den alt-neuen Landsleuten plötzlich das ihnen sonst so fremde Element der *Selbstironie*. Wenn es ein bißchen behaglich zuging in jenen Tagen, es gab Zigaretten, sogar Bohnenkaffee, und etwas zu trinken, dann sagte man genußvoll und blinzelnd: »Es ist ja alles so maßlos traurig!« Das war beileibe kein Hohn, sondern ernsthafter Spott über das deutsche Selbstmitleid.
Schöne Erinnerungen auch an Leipzig und Dresden, an Sachsen, Märker und Thüringer. Spuren immer noch, jenseits der amtlichen Geschichtsschreibung, einer deutschen Arbeiterbewegung von Bebel, Wilhelm und Karl Liebknecht, Franz Mehring und der Rosa Luxemburg. Es gab immer noch die Nachfolger eines selbst- und kulturbewußten städtischen Bürgertums. Sachsen war lutherisch geblieben: bloß die wettinische Dynastie in Dresden war zum Katholizismus konvertiert, um in Polen eine Königskrone zu erwerben. Andererseits machte es dem Thomaskantor Johann Sebastian Bach nichts aus, dem Hof zu Dresden auf Bestellung eine Große Messe zu schreiben. Ich habe, als Vortragender, nie wieder ein Publikum erlebt wie in *Dresden*. Nicht bloß einmal. Das Phänomen wiederholte sich stets. Leid und Stolz, und ein Menschentum, das unvergeßbar bleibt.
Ernst Bloch hat, ein langes Leben hindurch, aufmerksam alle »Spuren« in der menschlichen Geschichte aufzufinden gesucht, die künftige Möglichkeiten ankündigen mochten des sonderbaren Geschöpfs mit dem aufrechten Gang. Er hat sie immer wieder auch in jenem »anderen« Deutschland entdeckt, als er dort lebte und noch arbeiten konnte. Die große und unerschütterbare Erinnerung an meine Leipziger Jahre kann auch ich nur definieren als Erfahrung mit einem Leben ohne die Gesetze der »giftigen Geldwirtschaft«, wie das der Jude und utopische Sozialist *Ludwig Börne* genannt hat: als einer, der unter den Bankiers des Bürgerkönigs Louis Philippe, und als ärmlicher deutscher Emigrant in

Paris zu leben genötigt war. Der Pelz auf dem berühmten Porträt Börnes, wenn man vor dem Original steht, ist abgetragen und von den Motten angefressen.
Trotzdem konnte ich nicht bleiben. Das »Gesellschaftliche Eigentum« war teuer erkauft. Dennoch hatte ich Lebensformen und Verhaltensweisen kennengelernt, die einen – schwachen – Abglanz von dem ersichtlich machten, was einstmals in den Träumen des Roten Kämpfers aufgeschienen war. Abglanz oder Vorschein? Ich weiß es nicht, doch will ich es nicht missen.
Die Rückkehr in den Westen bedeutete auch für mich, wie für so viele, die sich ähnlich entschieden hatten, die Begegnung mit einem überaus vitalen und wenig erfreulichen Anachronismus. Eine Ungleichzeitigkeit. Der Rechtsstaat, freilich. *Allein dieser Rechtsstaat war zugleich ein Juristenstaat.* Kaum etwas blieb übrig von den einstigen deutschen Kulturtraditionen: von der Adelskultur; vom bürgerlichen Patriziat; vom jüdisch-bürgerlichen Avantgardismus; von den Kulturtraditionen der Arbeiterbewegung. Gesellschaftliche Integration auf der Grundlage des universellen Kleinbürgertums: mit großen Einkommensspannen. Ich entdeckte für mich den »Intercity-Menschen«. Erste Klasse und Großraumwagen. Nur einzeln oder in Rudeln auftretend. Erkennbar an der Kombination des Groschen-Blattes mit der feinen Zeitung. Undenkbar dort, wo man »The Times« liest oder »Le Figaro« und auch »The New York Times«. Kleinbürgerliche Ästhetik.
Welches Deutschland also, das unwiderruflich sein könnte? Trotzdem habe ich ein Bild von Deutschland, und damit auch von den Deutschen. Als man mich im Jahre 1977 einlud, in Nürnberg zum Jubiläum des Germanischen Nationalmuseums zu sprechen, kam ein Gedanke nicht auf, daß ich ablehnen könnte. »Das deutsche Selbstempfinden«, der Titel meiner Rede, war als Absage verstanden an den tradierten Begriff des Nationalbewußtseins. Kein Zweifel in meinen Thesen, daß weder ein Selbstempfinden der Bundesrepublik gemeint sein konnte noch ein sonderstaatliches DDR-Bewußtsein. Auch den Begriff der Kulturnation aus dem 19. Jahrhundert können wir nicht auferwecken. Das deutsche Selbstempfinden ist vorerst nur in »Spuren« vorhanden. Eher Möglichkeit als Wirklichkeit. Doch spüre ich es immer noch: auch in mir selbst. Das kann und will ich nicht widerrufen. In meiner Rede hieß es: »Wenn wir die Vergangenheit von uns abtun wollen wie eine lästige Reminiszenz, so haben wir zugleich über die Vergessenheit entschieden, der *auch wir* recht bald anheimfallen würden.«

Stephan Hermlin
Minderheit, Nation, Gedichteschreiben

Aus einem Interview mit Günter Gaus

GAUS: Glauben Sie, daß es gelungen ist – in Teilen – und ganz gelingen kann, einen neuen Menschen zu schaffen?
HERMLIN: Daran glaube ich zunächst mal nicht. Oder, wenn überhaupt, dann über lange Zeiträume hinweg. Aber wichtig ist schon, eine Gesellschaft zu bilden, in der der Mensch den Menschen nichts Böses oder möglichst wenig Böses antun kann.
GAUS: Die Realität ist hinter diesem Glauben weit zurückgeblieben oder bestreiten Sie das?
HERMLIN: Die Realität ist sicher zurückgeblieben, dennoch ist – Sie müssen mir schon erlauben, das zu sagen – das, was geleistet worden ist, erstaunlich viel.
GAUS: Mit Ihrem Bekenntnis zum Kommunismus haben Sie sich Ihr Leben lang, bis auf den heutigen Tag, aus der Gefühlswelt, der Vorstellungswelt, von den Wertmaßstäben der Mehrheit der Deutschen, vor allem von denen der Menschen Ihrer eigenen besitzbürgerlichen Herkunft ausgeschlossen.
Was haben für Sie dieser Ausschluß, die gesellschaftliche Besonderheit, die Andersartigkeit bedeutet?
HERMLIN: Ja, – sehr viel. Auf der andern Seite: das ist eine Erfahrung sozusagen jedes Atemzugs, aber da man ja seit rund zweitausend Jahren damit umgeht, hat man sich eben daran gewöhnt.
GAUS: Gibt es nie die Versuchung, eingestanden oder uneingestanden, im Kreis von Andersdenkenden zu verdeutlichen ›Was wollt ihr denn? – Auch wir essen mit Messer und Gabel und wir sind doch gar nicht so anders als ihr‹.
Ermattet man gelegentlich am Stigma der Minderheit?
HERMLIN: Ja, es gibt Momente der Ermattung. Mehr möchte ich eigentlich dazu nicht sagen.
GAUS: Viele werden sagen, die Mehrheit wohl wird sagen, was soll man sich auch kümmern um die etwaigen seelischen Nöte eines Kommunisten. Die Kommunisten herrschen in der DDR wie in Osteuropa. Wo sie die Macht noch nicht haben, wollen sie sie noch an sich reißen. Was soll uns da also das etwaige seelische Bauchgrimmen eines Kommunisten scheren? Was sich darin ausdrückt, was diese fertige Meinung zeigt, ist im Kern eine verständliche gesellschaftliche wie auch individuelle Feindseligkeit.

Haben Sie ein Leben geführt, Herr Hermlin, das von Feindseligkeit – gewollter wie auch aufgenötigter – geprägt worden ist?

HERMLIN: Es ist zum großen Teil von dieser Feindseligkeit geprägt worden. Das ist richtig. Aber ich habe auf der anderen Seite auch sehr viel Freundschaft, Solidarität und Liebe erhalten. Anders wäre es ja auch nicht zu ertragen gewesen.

Ich möchte noch hinzufügen: weil Sie schon nach Feindseligkeit fragten, es gibt natürlich eine ganze Menge Leute, die in Wort und Schrift behauptet haben, sie wären mit mir sozusagen in Feindschaft verbunden. Das trifft eigentlich nur sehr selten zu; jedenfalls von meiner Seite. Ich glaube schon, daß viele Leute mir Feindschaft entgegenbringen, aber ich kann diese Feindschaft nicht erwidern.

GAUS: Es gibt viele Belegstellen in Ihren Aufsätzen und Vorträgen für Ihre starke geistige und seelische Bindung an Deutschland. In einer Rede im Frühjahr 1978 haben Sie im Blick auf die Literatur, auf die Kultur der Deutschen gesagt, – ich zitiere verkürzt: »Ich bin ein Schriftsteller der DDR. Die Gründung der DDR war eines der wichtigsten Ereignisse deutscher Geschichte. Aber diese Gründung war nicht das Ende deutscher Geschichte, sondern ein neues Kapitel in ihr. Die Existenz einer Literatur ist nicht deckungsgleich mit der Existenz von Staaten. Ein so alter, so mächtiger Stamm, gemeint ist – ich sage es ausdrücklich noch einmal – die deutsche Dichtung, ist nicht so leicht abzuschaffen; und wer wollte das auch? Und ist er überdies nicht seit je her daran gewöhnt, über mehr als einem Staat zu rauschen?«

Was bedeutet für Sie die Nation der Deutschen?

HERMLIN: Ich kann Ihnen da eigentlich nicht mehr sagen als das, was in dem Zitat selbst steht. Ich kann die Nation der Deutschen schwer definieren, und ich bin nicht der einzige. Die Kriterien, die diesen Begriff befestigen sollen, liegen noch sehr im Ungewissen.

Die Marxisten haben einmal versucht, den Begriff zu definieren, und ich glaube nicht, daß diese Definition ihnen sehr gut gelungen ist. Mir geht es um mehr als um die Nation, also um das, was ich erfahren, was ich erfassen, fühlen, lesen, denken, hören kann. Das ist deutsche Kunst und deutsche Literatur.

Diese deutsche Literatur geht, wie ich da gesagt habe, woran ich festhalte, auch über die beiden deutschen Staaten hinaus. Es gibt eine deutsche Kultur, der man sich bewußt sein muß. Und sie ist es, die mich in all den Jahren auch gehalten hat. Sie war mein Lebenselement.

Wissen Sie, ich kann mir meine Nation oder Nationalität nicht aussuchen. Ich bin nun einmal der, der ich bin. Ich bin ein Deutscher. Ich habe gelebt – entweder mit einem deutschen Papier oder ich war ausgebürgert. Und dann hat man mich wieder eingebürgert, 1945. Und ich denke nicht daran, einen anderen Paß zu haben als einen deutschen. Ich kann nicht aus mir heraustreten. Ich bin nichts anderes. Infolgedessen geht mich alles an, was in deutschem Namen geschieht, was in deutschen Ländern geschieht.

GAUS: Auch in beiden deutschen Staaten geschieht?

HERMLIN: Selbstverständlich.

GAUS: In der Rede vom Mai 1978, aus der ich eben zitiert habe, sagen Sie: »Es ist das Vorrecht der Dichter, vernunftlos zu träumen« – wovon träumen Sie, wenn Sie an Deutschland denken?

HERMLIN: – – – Daß es nicht untergeht.

GAUS: In Westdeutschland sind Sie in den vergangenen Jahren gelegentlich hochgerühmt worden. So, als Sie sich neben anderen öffentlich gegen die Ausbürgerung Wolf Biermanns aus der DDR oder gegen parteiamtliche Kritik an Christa Wolf, Stefan Heym, Ullrich Plenzdorf, Günter Kunert und anderen wandten. Gelegentlich wurden Sie aber auch heftig kritisiert, geschmäht sogar; beispielsweise, wenn Sie Schriftsteller, die aus der DDR weggegangen waren, scharf persönlich angriffen. Da gibt es manche offene Rechnungen. Wie erklären Sie sich diese Wechselbäder?

HERMLIN: Ach –, wissen Sie, das hängt mit unserer Zeit zusammen und ihren unsäglichen Belastungen, die auf dem einzelnen Menschen liegen. Ich will Ihre Frage aufs Literarische begrenzen.

Es ist mir merkwürdig gegangen – ich erinnere mich noch genau – es war um die Weihnachtszeit 1944, kurz vor Ende des Krieges, – als ich in der Schweiz war und mein erstes Buch erschien. Zum erstenmal hatte ich ein Buch in der Hand von mir selber, und es gab in der schweizerischen Presse eine große Anzahl von Kritiken. Diese Kritiken waren zum größten Teil sehr lobend, es gab auch negative darunter. Und ich hatte ein merkwürdiges Gefühl. Ich sagte mir nämlich in diesem Moment, daß ich all dem keinen übermäßigen Wert beilegen sollte. Ich sollte nicht zu sehr daran glauben. Weder an das Lob noch an den Tadel. Ich müßte selber wissen, am besten wissen, was ich da gemacht habe. Ob es gelungen wäre in meinen Möglichkeiten oder mißlungen. Und ich muß Ihnen sagen, dieses Gefühl habe ich bis heute bewahrt.

GAUS: Es gibt Unzufriedenheit in der DDR. Es gibt Menschen,

die das Land verlassen möchten und dabei Schwierigkeiten, Drangsal erleiden. Sie stehen für die DDR ein, wann immer Sie sich dazu aufgerufen fühlen oder aufgerufen werden. Damit erfüllen Sie eine Pflicht. Nach meinem Eindruck oft auch eine ganz selbstauferlegte. Ich frage, ob es der DDR nicht besser ginge mit mehr Selbstkritik, mit mehr öffentlicher Kritik im Lande?

HERMLIN: Das glaube ich auch. Ich glaube an die Notwendigkeit von öffentlicher Kritik. Auf der anderen Seite habe ich mir, wenn ich etwas zugunsten der DDR sagte, nichts selbst auferlegt, mich nicht dazu gezwungen, sondern ich sagte es aus Überzeugung. Ich habe ja auch nicht an Kritik gespart. Ich habe oft Dinge gesagt, die Leute in der DDR gestört haben, die sie nicht richtig fanden. Ich habe meinen Standpunkt verteidigt. Es ist auch denkbar in Zukunft, daß es solche Situationen geben wird, wo ich mich genötigt sehe, etwas zu sagen, was vielleicht nicht sehr erfreut.

GAUS: Sie haben sich selber einmal einen spätbürgerlichen Schriftsteller genannt, der aber seiner Partei dient, dienen will. Sie sind ein produktiver Publizist und Lyrik-Übersetzer aus dem Französischen, Spanischen und Englischen. Mit eigenen neuen Gedichten aber sind sie seit über zwanzig Jahren nicht mehr hervorgetreten. Sind Sie verstummt im Zwiespalt zwischen Individualität und Anpassung an eine Ideologie, an ein Überindividuelles, von dem man nicht lassen kann, ohne daß alles falsch war?

HERMLIN: Daran kann auch etwas richtiges sein – an diesem Gedanken. Das zeigt aber allenfalls nur, daß meine Begabung nicht von härterer Art war, die sie besser gewesen wäre, daß sie nicht genug ertragen konnte.

Es ist möglich, daß es damit zu tun hat, daß ich auf vielen Feldern tätig gewesen bin, daß ich Kämpfe zu führen hatte. Und daß der Gedanke manchmal ganz unerträglich wurde – Gedichte zu schreiben.

GAUS: Und der Preis war nicht zu hoch?

HERMLIN: Ich glaube nicht, daß der Preis zu hoch war. Ich stelle meine Produktion nicht so hoch in Rechnung, daß es sich nicht gelohnt hätte, für eine neue Gesellschaft einzutreten, zu kämpfen. Das kann ich einfach nicht. Ich habe so furchtbare Dinge gesehen und erlebt. Und ich habe nie das Opfer gebracht, das andere gebracht haben, das Opfer des Lebens. Und um mich herum haben Millionen dieses Opfer gebracht. Ich habe gar nicht das Recht mich zu beklagen, daß ich vielleicht zehn oder zwanzig oder hundert Gedichte zu wenig geschrieben habe.

Walter Jens *Wo sind wir oder wie weit?*

Aus einer Erklärung vor dem Amtsgericht Schwäbisch Gmünd

Ich habe, zum ersten, wiederholt in Mutlangen demonstriert, weil ich dazu beitragen wollte, hier und heute einen öffentlichen Dialog jener Art wieder aufleben zu lassen, wie er in den fünfziger Jahren, auf hohem Niveau und mit einem Maximum an Verantwortungsbewußtsein, geführt worden ist: zu einer Zeit, als langsam deutlich zu werden begann, was die Lagerung von atomaren Ersteinsatzwaffen auf bundesrepublikanischem Boden bedeutet: Bereitstellung von verwundbaren Zielen; Provokation des Gegners; Gefährdung der Bevölkerung; Erhöhung der Kriegsgefahr.

Ich habe, zum zweiten, demonstriert, weil ich, nach umfassendem und sorgfältigem Quellenstudium, zu der Ansicht gekommen bin, daß die neue, dem Prinzip »Wir müssen überlegen sein« folgende amerikanische Militärstrategie die These des Verteidigungsexperten General a. D. La Rocque bestätigt: »Die Amerikaner gehen davon aus, daß der dritte Weltkrieg ebenso in Europa ausgetragen wird wie der erste und zweite ... und dieser Krieg wird ein nuklearer sein.« Ich habe, im Rahmen unserer Tübinger Friedensgruppe Gustav Heinemann, demonstriert, weil ich mit dem amerikanischen Sachverständigen in Abrüstungsfragen, C. Paul Warnke, übereinstimme: »Wäre ich Europäer, mit Händen und Füßen würde ich mich gegen die Installierung der abschreckungsfeindlichen, weil den Krieg ›regionalisierenden‹ Pershing II wehren.«

Ich habe, zum dritten, demonstriert, weil ich meine, daß die Offensiv-Strategie der Amerikaner, wie sie sich vor allem in den Plänen Field Manual FM 100-5 und AirLand Battle 2000 niederschlägt, die Vorbereitung eines Angriffskriegs für opportun hält – wobei ich sehr wohl weiß, daß Vorbereitung eins und Ausführung ein anderes ist; aber auch die Vorbereitung hat als Handlung zu gelten, die »geeignet erscheint, das friedliche Zusammenleben der Völker zu stören«. Das heißt, wer hierzulande Ja zu Dokumenten vom Rang der AirLand Battle 2000 sagt, muß sich vorhalten lassen, daß er gegen den Geist und gegen zentrale Aussagen des Artikels 26 unseres Grundgesetzes verstößt.

Ich habe, viertens, demonstriert, weil ich mich meinen Freunden in der DDR, die sich als Christen und Sozialisten verstehen, gegenüber im Wort weiß: Sie, die mit Courage und Beharrlichkeit gegen die Hochrüstung in Ost und West opponieren, dürfen von uns erwarten, daß wir das Unsere tun, um zur Beseitigung jener Waffen beizutragen, die man, zu Recht, zwischen Elbe und Oder in einer Weise fürchtet, von der wir uns hier leider nur eine unzureichende Vorstellung machen.

Ich habe, fünftens, demonstriert, weil ich, ein sogenannter »Prominenter«, mich der Verpflichtung erinnere, auch künftig vor Ort, im Geist des Friedens und der Freundlichkeit, präsent zu sein ... einer Verpflichtung, die unterzeichnet worden ist – von Menschen zumeist, die, als Garanten einer friedlichen, bescheidenen, humanen Republik für das Ansehen unseres Landes ein wenig mehr getan haben als markig redende, zu keiner Trauerarbeit fähige, von Erinnerungskraft und Phantasie unberührte Politiker.

Ich habe, sechstens, demonstriert, weil ich jene amerikanischen Soldaten durch Zeichen und friedliche Symbole auf ihre und unsere Sache aufmerksam machen wollte, die uns im vergangenen Jahr zur Seite standen. Ich wollte in aller Stille mit meinen Freunden ein Zeichen setzen! Kein großer Aufwand, keine Kameras, keine Blockade, wie sie die Brummi-Fahrer in Kiefersfelden vornahmen: belobt wegen ihrer tage- und kilometerlangen Straßensperre, während eine Handvoll friedlicher, meist älterer Menschen, die nicht für Partikulär-, sondern Allgemein-Interessen votierten, unter Anklage gestellt wurden, weil sie die Fahrer von drei amerikanischen Wagen »zwangen«, für eine Zigarettenlänge auszuhalten (beziehungsweise sich durch einen anderen, 300 Meter entfernten Eingang ins Lagerinnere zu begeben).

Mutlangen-Festival der Prominenz, Bauern-Demonstration im Kinzigtal, Aufmarsch vor Kiefersfelden: keine Anklage. Sit-ins der Namenlosen: Anklageerhebung. Gleichheit aller Bürger vor dem Gesetz? Papperlapapp! Aufkündigung des Grundprinzips jeden Rechtsstaats: der Rechts-Gleichheit aller!

Ich habe, siebtens und letztens, demonstriert, weil ich an jene gedacht habe, in der Sowjetunion, auf die »unsere« Pershings gerichtet sind, jene, deren »2 Prozent-Jahrgängen« (1922, 1923) – 98 Prozent im Kampf gegen Hitlers Truppen gefallen – ich es, neben den West-Alliierten verdanke, daß ich heute freimütig fragen kann, warum so wenige in unserem Lande begreifen, daß man im Land der 20 Millionen Kriegstoten Angst vor uns hat.

Ja, und da werde ich nun beschuldigt – ich zitiere einen ebenso fragwürdigen wie in deplorablem Deutsch formulierten Abschnitt des Strafgesetzbuches – eine Tat begangen zu haben, die rechtswidrig ist ... und verwerflich! »Rechtswidrig ist die Tat« – Paragraph 240, 2. Absatz – »wenn die Anwendung der Gewalt oder die Androhung des Übels zu dem angestrebten Zweck als verwerflich anzusehen ist.« Zu dem angestrebten Zweck (modal? final? Oder was sonst?) – diese Formulierung zeugt nicht gerade von Bemühung um scharfes Denken und präzise Artikulation. Im Verhältnis zu dem angestrebten Zweck ist mit dem salopp und obenhin formulierten zu offensichtlich gemeint. Sei's drum. Aber bei verwerflich: Da hört der Spaß auf, da wird's bitterernst. Verwerflich: Dieser Begriff trifft auf unsere Demonstrationen nicht zu. Hier werden Menschen, die aus ehrenwerten Motiven handeln, im Geist Albert Schweitzers, Martin Luther Kings, Eugen Kogons, Walter Dirks oder Kurt Scharffs, moralisch disqualifiziert. Will das Gericht dies tatsächlich tun, dann möge es konsequent sein und darauf achten, daß in den Martin-Luther-King-Passagen unserer Lesebücher künftig die Fußnote gedruckt wird: »Dieser Mann hat nach bundesrepublikanischer Rechtsprechung verwerflich gehandelt.«

Verwerflich – das bedeutet, im natürlichen Wortsinn, moralisch mißbilligenswert ... im natürlichen und auch im juristischen! Verwerflich ist kein terminus technicus der Jurisprudenz, kein Begriff der Fachsprache, sondern auch für den Richter ein Adjektiv, das er im Sinne des Gemeinverständnisses verwendet: »Erhöhter Grad sittlicher Mißbilligung« – so die Kommentierung des Begriffs. Verwerflich heißt amoralisch, heißt »sozialethisch zu verwerfen«. Kein Wunder also, daß die einhellige Lehre zur Voraussetzung des Mords aus heimtückischen Motiven– des Mords! – die verwerfliche (!) Ausnützung eines bestehenden Vertrauensverhältnisses macht. Nötigung (an der untersten Grenze, wie Staatsanwalt und Richter sagen): verwerflich wie heimtückischer Mord verwerflich ist? Amoralisch in Übereinstimmung mit der üblichen Verwendung des Begriffs? (Verwerflich, man kann's im Grimm'schen Wörterbuch nachschlagen, heißt religiös und sittlich minderwertig, ungehörig und geringwertig. Der verwerfliche Richter, das ist der unglaubwürdige ethisch suspekte Mann. Verwerflicher Mensch: ruchlos, sittenlos!).

Und – das ist ungeheuerlich! – solcher Verwerflichkeit will man uns zeihen: Ja, wo leben wir denn? Immer noch im Vorgestern, wie die – durchsichtige – Tarn-Übersetzung des Begriffs »gesundes Volksempfinden« zu zeigen scheint. (Im dritten Reich gesundes Volksempfinden«, heute »verwerflich«: hier wie dort manifestiert sich das gleiche Gut-Böse-Schema einer aufklärungsfernen Gerichtsbarkeit.) Anstiftung zum Frieden als verwerflicher Akt: Diese Schreckensvision hätte mir mal einer ausmalen sollen, anno 45, nach der Befreiung unseres Landes vom Faschismus – für aberwitzig hätte ich den Menschen erklärt! Der angestrebte Zweck (worunter ich, bei genauer Exegese des unscharf-vieldeutigen Satzes, den durch symbolische Zeichensetzung demonstrativ und appellativ erbetenen Dialog über Fragen von Leben und Tod verstehe), der angestrebte Zweck: verwerflich? Nein, diese Etikettierung ist zurückzuweisen. Hier geht es um Ehrabschneidung, um moralische Disqualifikation, um Antasten der Würde aller Angeklagten, um einen eklatanten Verstoß gegen den Artikel 1 des Grundgesetzes, der durch keine Ehrenerklärung nach der Verurteilung aus der Welt geschaffen werden kann.

Verwerflich – dieses Wort darf so nicht stehen bleiben, nicht hier und nicht künftig. Es hat im Paragraphen 240 nichts zu suchen – nichts in einem Rechtsstaat, dessen Jurisdiktion die Würde jedermanns zu wahren hat, so wie es das Grundgesetz vorschreibt. Doch dieses Grundgesetz eben wird im Kern ausgehöhlt, wenn die Formel verwerflich im Kontext ehrenhafter Bemühungen um den Frieden zur obrigkeitsstaatlichen Drohformel wird, die autoritär bestimmt, was sozial verbindliches Ethos ist und was nicht.

Im Sinne solcher von keiner Aufklärung berührten Wert-Setzung fühle ich mich nicht nur – das ohnehin – unschuldig, sondern von diesem Gesetzestext als Demokrat überhaupt nicht tangiert – nicht tangiert, weil Absatz 2 des Paragraphen 240 sich wegen des Begriffs »verwerflich« nach meiner Ansicht bezogen auf unseren Fall, außerhalb der durch Artikel 1 des Grundgesetzes (»Die Würde des Menschen ist unantastbar«) definierten Rechtsordnung bewegt.

»Verwerflich«: zehn Minuten Demonstration zugunsten des Friedens, auf einer Straße, hinter der Waffen lagern, die, wie der Fall Heilbronn gezeigt hat, Vernichtung bergen für Zeit und Ewigkeit? Der Versuch, auf dem Weg zum Abgrund eine winzige Panne befördern zu helfen – verwerflich? Ich fürchte, hier feiert der Ungeist des »gesunden Volksempfindens«, der Ungeist einer totalitären Rechtssprechung seine späten und bösen Triumphe.

Man könnte des Tübinger Rhetorik-Professors Jens Schlußwort von Schwäbisch Gmünd fast als eine antiaufklärerische Magna Charta lesen: Schluß mit der Vernunft – her mit dem Einsatz von Entschlossenheit, rechtfertigender Gesinnung, anspornender Tatbereitschaft, großzügiger Verfügungsmacht des jeweiligen Willens über Hindernisse im Recht. Da wäre dann nicht – wie Jens es tat – zu fragen: Wo sind wir denn? Vielmehr wäre zu fragen: Sind wir schon wieder soweit?

JÜRGEN BUSCHE, FAZ, 30. 1. 85

Christoph Hein *Öffentlich arbeiten*

1

Die Frage nach dem Material und der Wirklichkeit, die einem Schriftsteller zur Verfügung stehen, ist die Frage nach dem Material und der Wirklichkeit, die der Schriftsteller selbst ist. Der Stil ist der Mensch, hat Buffon gesagt, und wir ergänzen: Der Stoff ist der Autor selbst.

Mit Herzblut schreiben, lautete die Antwort eines vergangenen Jahrhunderts auf diese Frage. Wir, durch die vergangenen siebzig Jahre heilsam und hoffentlich anhaltend verunsichert von viel auslaufendem Blut in zwei Weltkriegen und einem Versuch der profitorientierten Bourgeoisie, den unlösbaren Problemen ihrer Weltordnung mit einer Endlösung beizukommen, wir gebrauchen ein anderes, zurückhaltenderes Vokabular, das doch nichts anderes zu benennen sucht. Meinen Stoff habe ich in meinen Augen und Ohren, er sitzt unter meiner Haut, da er mir tief unter die Haut ging. Wie immer ist es der Balken im eigenen Auge, der Pfahl im eigenen Fleisch.

Auch die künftige Literatur wird von dem reden, was Individuen betraf, betroffen machte. Sie wird Autobiografie sein, keine private, aber doch persönliche, keine repräsentative, aber doch gesellschaftliche Autobiografie. Mitteilungen von Individuen über diese Individuen in der Welt, einer Welt, die ich nach meinen Kenntnissen, Fähigkeiten, Haltungen mir aneignete, die ich bin. Der Stoff ist der Autor selbst.

2

Die Frage nach unseren Besonderheiten bei dieser unverändert gebliebenen Aufgabe ›Schreiben‹ fragt also nach den veränderten Modalitäten, nach den Koordinaten von Geschichte und historischem Platz, von Jetztzeit und unserer aller eingeschränkten Lokalität, für die wir – ein wenig euphemisch – das Wort ›Heimat‹ setzen. Schreiben heißt für uns deutsch schreiben, also in einem geteilten Land, nach zwei von Deutschland ausgehenden Weltkriegen, mit einer untilgbaren Schuld, vor der auch meine und weitere Generationen gerade zu stehen haben oder krumm. Es heißt, in einem Land schreiben, dessen Grenze weiter reicht als eine Staatsgrenze anderswo, nämlich bis an den Nerv der Gesellschaft und seiner Kultur. Eine neue arme Kultur ist zu setzen, die fast erdrückt wird von der reichen alten. Öffentlichkeit ist zu gewinnen für diese, unsere Arbeit, und zwar in aller Öffentlichkeit.

Kultur, ob wir diesen Begriff eng oder weit fassen wollen, bedarf der Öffentlichkeit. Jedwede Restriktion beschränkt sie nicht allein, sondern höhlt sie aus. Es gab in den vergangenen Jahren Maßnahmen bei uns – getroffen wohl in bester Absicht –, um die bürgerliche Kultur in einigen ihrer Erscheinungen nicht wahrhaben zu müssen, ihnen durch Verbote zu entkommen. Ein untauglicher Versuch, von dem man glücklicherweise Abstand nimmt. Verbote können Bedürfnisse nicht regeln, sondern bewirken lediglich, daß sich diese Bedürfnisse auf andere und zum Teil paradoxe Art bewegen.

Kultur ist immer auch ein Auseinandersetzen mit anderen Kulturen, das Eigene ist nur mittels des Fremden zu entwickeln. Peter braucht Paul, sagt Marx, er benötigt ihn, um sich zu erkennen. Eine Stammeskultur ist nicht nur reaktionär, sie ist undenkbar, seitdem der Mensch die ursprüngliche Waldeseinsamkeit verließ. Dorthin zurück führt kein Weg, auch wenn man die damit aufgegebene Einmütigkeit, Sicherheit, Vertrautheit bedauert. Unsere Kultur muß sich an anderen Kulturen bilden und erweisen, oder sie wird uns unbegreifbar sein.

Öffentlichkeit ist nicht eine Bewegungsform von Kultur, sondern ihre Voraussetzung. Öffentlichkeit, das heißt nicht ›eingeschränkte Öffentlichkeit‹, ein Begriff, der in sich widersinnig ist. Und es heißt auch nicht ›Öffentlichkeit für Ausgewähltes‹.

Selektierte Kultur ist das Gegenteil von Kultur. Wenn die Auseinandersetzungen fehlen bzw. hinter verschlossenen Türen geführt werden, die Entscheidungen von der Gesellschaft getrennt sind, dann fehlt uns nicht allein dieser Teil, die gesamte Kultur verarmt, verdorrt.

Kultur ist umfänglicher als das, was uns nützlich, bequem, angenehm scheint, und sie stirbt mit jeder Beschränkung. Denn nicht die bewunderte, erfolgreiche Arbeit des einzelnen ist Kultur, sondern die gesamte geistige Arbeit eines Volkes, inbegriffen die Arbeit der Spezialisten, der Künstler. Und in dem Maß, wie diese gesamte Arbeit öffentlich ist, haben wir Kultur.

Ich will hier nicht über Erfolge sprechen, die vorhanden sind, sondern über unsere Mängel. Und nur über einen einzigen Mangel spreche ich, weil ich diesen als außerordentlich beeinträchtigend für unsere Kultur ansehe: die unausreichende Öffentlichkeit.

Wenn wir nicht den ganzen geistigen Reichtum dieses Landes mit allen auch divergierenden Ansichten und Meinungen in unsere Kultur einbringen können, werden wir Boden verlieren, und zwar einen Teil von jenem Boden, auf dem allein Kultur entstehen kann.

Ein Beispiel: das Fernsehen. Ich erwähne dieses Medium nicht, weil ich es für beschränkter, selektiver als andere öffentliche Medien halte, sondern weil das Fernsehen auf Grund seiner Besonderheiten an der eingeschränkten Öffentlichkeit augenfälliger leidet. Es ist ein Massenmedium ohne Massen. Die sterile Auswahl führte zu einem massenhaften Druck auf das Fernsehen, der sich auf Grund der außerordentlichen Situation eines geteilten Landes lediglich als Druck auf den Senderwähler äußert. Ich glaube nicht, daß ein so großer Teil unserer Gesellschaft uninteressiert ist an unserer, d. h. seiner eigenen Kultur – wie es das Fernbleiben der Massen vom Massenmedium Fernsehen den Anschein erweckt. Ich glaube nicht, daß ein so großer Teil unserer Gesellschaft uninteressiert ist an dem öffentlichen Verhandeln seiner Probleme und Schwierigkeiten, gelangweilt von seinen öffentlichen Angelegenheiten. Ich glaube jedoch, daß eine eingeschränkte Öffentlichkeit eben keine Öffentlichkeit ist. Und man versagt sich nicht nur massenhaft unseren Medien, sondern das natürlich vorhandene Bedürfnis sucht sich andere Wege. Dies Problem ist nicht allein ein Problem der Medien, sondern unserer Kultur, es ist unser aller Problem. Der Zustand der Kultur meines Landes, seiner Öffentlichkeit, betrifft mich. Als Schreibender bin ich direkt davon abhängig.

Als Lessing, ein Bibliothekar in Wolfenbüttel mit stark eingeschränkter Öffentlichkeit, an einigen Werken arbeitete, die wir heute zu den Grundlagen der deutschen Kultur rechnen, wandten die Zeitgenossen, das mögliche Publikum, an Öffentlichkeit und nicht an Beschränkung interessiert, ihre Aufmerksamkeit dem Kulturleben des westlichen Nachbarn zu, Frankreich. Und Lessing, einer der wichtigsten deutschen Literaten, resigniert. Er muß Bücherlisten kopieren, um sein mageres Bibliothekarsgehalt bangen, da kann er nicht auch noch unerbetene Stücke schreiben.

»Wenn Sie so gütig sind«, schreibt Lessing an Ch. G. Heyne in Göttingen, »und glauben, daß ich wohl etwas Besseres hätte schreiben können: so vergessen Sie nicht, daß ein Bibliothekar nichts Besseres schreiben *soll.*«

Uwe Kolbe *Die Krankheit im Frieden*

Vortrag zum Geräusch einer psychotherapeutischen Rhythmusgruppe

Schnee und Regenglocken, dumpfstes Läuten,
Dichter käuen wider, Höfe lärmen, Eisen sammeln
Reservisten aller Kriege, die nicht enden,
Fragen stellen alle Kinder, alle Bäume triefen,
Anfall kriegen alle Liebsten, irrt
Die Staatsanwaltschaft, ändert sie Gesetze,
Alltagsmorgen flucht auf Herrn im Frack
Mit Kummerfett im Haar, das glänzt wie Lack,
Gestrichen wird vorm Frühjahr nicht, Offerten
Faulen an den Säulen unerkannt und neiden
Dem ganz unscheinbaren Kinoblatt Beschauer,
Schwule stehn vorm Pissoir in Schlangen,
Suchend geht die Unschuld zu den Freiern,
Todessüchtig atmet man die Stadtluft, sucht
Man Krätzebetten auf, krault Läuseköpfe
Seiner schulisch starken kleinen Kinder,
Kohlendreck und Straßenkater springen
Vor dem Fuß und wiederholn, was lauter,
Was der Lärmer meinte, der nicht haute nur,
Auch wärmte, zur Besuchszeit kranken Schwestern
Schlanke Stengel roter Treibhaustulpen brachte
Und gedruckte Malerleben, Schmerz und Freude
Sein darin zu finden, dieses Beieinander, meint
Der Fälscher, Schänder seiner Sippschaft, mache Mut
Im Alltagskrieg, wenn du nur die Waage findest;
Verrenkt den Hals nach Jugendstilreliefs und reißt
Im Kopfkrampf die pauschale Losung
Von dem unbewachten Hause ab, und rennt, ist nichts
Im Hirn, Gesträhl von Schienen, Wirrwarr,
Mastenstadt, Schönfrauencity, Rotkopfort
Und Hundsdreck, Regenschleim, dumpfres Läuten steigt,
Sirenenmittwoch, Friedensfeier,
Renne, toter Mann, stürz hin in Feuerpfützen,
Feuchte Schächte, Kaufhallnrippen, flüchte Dieb,
Der Augenblick hat seine Hoffnung, die verfolgt

Den eignen Schwanz, und Wortspiel, sagt man,
Lappen einer wüsten und brutalen Sprache mitten
Im Oasenkontinent, und Aschsturm brennt
(Nasses Laub klatscht dich jetzt taub);
Ambivalentia, Göttin des Lands und der Zeit,
Dieser Stadt in deinem Brummkopf, Freundchen,
Lädt zum Tanze Affen ein, in Uniform zu dir nach Haus,
Betonhofschneesturm, Frühlingsmelodei ins Weltend;
Ha du hasts getroffen, Rock'n Roll Kind, Schlaukopf,
Eiterbeulenfetischist, im Leichenschauhaus eine fette
Scheibe Lebensblut, wie Gründerbauten braun
Schon mehr als rot, ein gutes Menschenalter,
Nur zwei Kriege; schließ den Knopf jetzt endlich,
Steck den Zopf ins Hemd, sonst fettet er
Den Jackenkragen, kram nicht in den Taschen rum,
Füttere den schwarzen Schwan am Weißensee,
Jetzt holt dich keiner mehr, du lachst,
Den Bullen kannst du eine Nase drehn, erzähle das
Bloß keinem, ich mache mal ein Bild von dir,
Weißt ja, die blöde Verwandtschaft, die Freude,
Nein so eine Freude, du weißt es ja.

Aus einem unbekannten Land

Die Autobahn war leer. Er fuhr nach Süden. Sein Freund Paasch, wie viele Jahre hatte er ihn nicht gesehen. Mußte man nicht fürchten, er sei ein Fremder geworden.

Arlecq wendete und fuhr über den Grünstreifen zurück: er hielt vor der Intershopbaracke und klopfte die Verkäuferin heraus. Die öffnete ungekämmt das Fenster, sie taxierte ihn als Ausländer und machte deshalb eine Ausnahme. Paasch, so wußte er, war ein Gewohnheitstrinker geworden. Ein Zahnarzt in einer Baumwollspinnerei, der würde sich die exotischen Marken nicht leisten können. Arlecq freute sich im voraus, wie er, die Flaschen in dem Beutel, bei Paasch klingelt und dieser bei seinem Anblick den Kahlbaum in die Gosse gießt oder was sie jetzt verkaufen in seinem Konsum. Man wußte zu wenig von diesem Land, außer daß es Privilegien vergab.

Fritz Rudolf Fries

Heinrich Böll *Päpstlicher als der Papst: Die große Schurkerei in Saarbrücken*

Aus einem Interview mit Daniel Cohn-Bendit

Herr Böll, was hat Sie dazu bewogen, zum Kongreß des Bundesverbandes der Deutschen Schriftsteller nach Saarbrücken zu fahren?

Böll: Ich hatte die Absicht, mit einigen Freunden die Situation zu klären und öffentlich zu machen, worum der Streit eigentlich geht.

Und ist Ihnen das gelungen?

Ich glaube ja. Der Kongreß hat eine grundsätzliche, aber noch nicht endgültige Klärung herbeigeführt. Das Übelste war, daß die Leute, die die Politik des bisherigen Vorstands öffentlich vertreten haben, uns in die Ecke Anti-Kommunismus, Kalter Krieg, Fünfte Kolonne, fast Faschismus drängen wollten.

In was für einem Land leben wir, wo man stundenlang darüber diskutieren muß, ob man sich mit Solidarność solidarisiert, wo Schriftsteller nach langem Hin und Her mit nur knapper Mehrheit die Wiederzulassung des verbotenen Schriftstellerverbandes verlangen – das versteh' ich nicht.

Ja, die Resolution zur Wiederzulassung des polnischen Schriftstellerverbandes war ja nur der Anlaß. Das ist auch geklärt worden. Dahinter aber steckt eine Politik des falschen Entgegenkommens gegenüber den Schriftstellerverbänden der DDR und der UdSSR.

Polen ist nun mal im Moment der Punkt, an dem sich alles klärt. Und ich habe darauf hingewiesen, daß in seiner ganzen Geschichte der Schriftstellerverband der Sowjetunion bisher noch nicht ein einziges Mal irgendjemand, einen Autor, der in Schwierigkeiten geraten war, von Anna Achmatowa bis Woinowitsch beigestanden hat, auch nicht Schriftstellerverbänden etwa der Tschechoslowakei, von Ungarn, den geringsten Beistand geleistet hat … Immer hat er völlig kritiklos die Politik seiner Regierung gestützt, vielleicht sogar manchmal zur Überraschung dieser Regierung.

Und was Sie sagten: in welchem Land leben wir? – ich frage mich das auch, lieber Herr Cohn-Bendit. Die stimmberechtigten Delegierten werden von den Landesverbänden bestimmt und um die kümmern wir uns zu wenig. Und da bilden sich einfach Mehrheiten, die, glaube ich, nicht der Mehrheit der Basis entsprechen. Die Sache ist eigentlich blamabel und ich könnte mir denken, daß sich diese Taktik, die in Saarbrücken erfolgreich gewesen ist, letzten Endes doch als große Dummheit erweist.

Halten Sie die bisherige Praxis der Geheimdiplomatie zwischen Engelmann und Kant eigentlich für wünschenswert, auch wenn sie einigen Schriftstellern aus der DDR heraus verholfen hat?

Ich glaube, man muß beides machen. Was heißt ›Geheimdiplomatie‹, wir sollten das nicht so ernst nehmen, das heißt, sagen wir, ›stille Verhandlungen‹ und ›öffentliche Verlautbarungen‹; dies ist der Unterschied. Nach meiner Erfahrung glaube ich, daß beides notwendig ist. Ich hab' ja auch einige Jahre als Präsident des PEN-Clubs ähnliche Funktionen gehabt. Man muß da von Fall zu Fall entscheiden. Man muß nur wissen: wenn man jemanden herausbekommt, war das ein Gnadenerweis. Das sind feudalistisch-totalitäre Verhältnisse, in denen Gnade vor Recht geht. Und in denen man manchmal eine Gunst oder Gnade erlangen kann, aber man muß wissen, daß es Gnade ist, und kein Recht; man soll auf keinen Fall die Verbindungen mit den Verbänden abbrechen, denn hin und wieder wollen wir ja 'ne Gnade oder 'ne Gunst haben.

Ist nicht der VS eigentlich ein Spiegelbild der Friedensbewegung? Gorz hat den Deutschen ein fehlendes republikanisches, anti-totalitäres Bewußtsein vorgeworfen, was eigentlich in der Verlängerung der traditionellen deutschen Kultur steht. Ist das nicht Das *eigentliche Problem, das in Saarbrücken zur Sprache kam?*

Ich stimme Gorz insofern zu, als wir nur ansatzweise republikanisches Bewußtsein haben. Im Gegensatz übrigens zu den Amerikanern, die eine Republik sind, bei allem, was man gelegentlich gegen ihre Politik sagen kann. Die Vereinigten Staaten sind eine Republik und haben auch republikanisches Bewußtsein.

Ich glaube nicht, daß der VS ein Spiegelbild der Friedensbewegung ist. Denn der Einfluß der dogmatisch Moskau-Orientierten ist in der Friedensbewegung bei weitem nicht so groß wie im gegenwärtigen VS. Das liegt einfach an der Struktur des Verbandes, an dem ganzen Wahlverhalten usw.

Brauchen Sie eigentlich als Schriftsteller einen Schriftstellerverband?

Ja, ja. Wir sind als Autoren einer gigantischen Industrie gegenüber, die ohne uns nicht leben kann, egal, welchen Scheißdreck wir produzieren; wir müssen produzieren, und diese Produkte werden von dieser gigantischen Industrie gebraucht, und das sind ebenfalls gigantische Lobbies, und es geht dabei um Rechte, es geht um Honorare, es geht um Verpflichtungen; ich glaube nicht, daß Autoren ohne einen Verband, ohne eine Lobby und auch nicht ohne Gewerkschaft, diesem gigantischen Apparat gegenüber halbwegs auf Gerechtigkeit hoffen können.

Ich betone nochmals die tückische Tour, uns jetzt in Anti-Kommunismus, Kalte Krieger, Fünfte Kolonne, Vertreter des Großkapitals umzumünzen. Das war eigentlich die große Schurkerei in Saarbrücken ...

Ja, aber das ist doch die alte Problematik der Bundesrepublik, daß der herrschende konservative bis reaktionäre Antikommunismus gebraucht wurde, um jede Kritik an der Sowjetunion abzudrehen. Was mich entsetzt, ist, daß in einem solchen Verband plötzlich die realexistierenden Sozialisten die Macht haben, wenn wenig Leute tätig sind.

Ja, überraschend in diesem Zusammenhang ist die Tatsache, daß man ausgerechnet Autoren in diese Ecke drängen will, die von Anfang an energisch gegen den Radikalenerlaß und die Berufsverbote protestiert haben, und ich glaube sogar mit einer gewissen Wirkung; das ist das Überraschende. Dabei kennen wir uns doch alle ...

... aber Herr Böll. Sie haben einen Solschenizyn empfangen und das werden sie nie verzeihen ...

... ach, das glaube ich nicht. Das hat man mir sogar in Moskau verziehen. Die sind eben päpstlicher als der Papst.

Gegen den Willen des Autors, von selbst, erbrochen

Im Herbst 1984 siedelte der deutsche Schriftsteller Hans Christoph Buch für ein paar Monate nach New York über, um ein in Berlin begonnenes Manuskript zu Ende zu schreiben. Statt dessen entstand, gegen den Willen des Autors, ein New Yorker Tagebuch, das sich, gleichsam ohne sein Zutun, von selber schrieb.

(Aus einer Werbeanzeige des Suhrkamp-Verlags)

Obwohl ich alle Tage Zeit hatte, quälte ich mich zwischen Schreibtisch und Plattenspieler hin und her und erbrach die Texte eher, als daß ich sie schrieb.

(Aus »Blende« von Bodo Morshäuser)

Christa Wolf *Über Franz Fühmann*

Gedenkrede

Die Stimme von Franz Fühmann hörte ich zum letzten Mal genau eine Woche vor seinem Tod. Es war ein Sonntagabend, es war eine fast unveränderte Telefonstimme, es war – wie nenne ich es – ein normales Gespräch unter Freunden, von denen aber der eine gesund, der andere krank war. Es war von seiner Seite auch ein leidenschaftslos, ohne Selbstmitleid gegebener Bericht von seinem Ergehen in den Wochen davor, und in diesen Bericht war ein Satz eingeworfen, der eine Ahnung, vielleicht ein Wissen andeutete, das in dem ganzen letzten Jahr niemals laut geworden war. Falls es ein solches Wissen gab, hat es ihn nicht gehindert, Streit mit mir anzufangen über einen Autor, den ich ihm empfahl und den er rundweg ablehnte: wegen mangelnder Konsequenz. Seine Kritik bleibe in Symptomen stecken, stoße zum Kern der Sache nicht vor, treffe, vor allem, die Falschen, obwohl er, der Autor, ganz gut wisse, wer die Richtigen wären. Halbheiten, also. – Entschieden widersprach ich ihm und erbot mich, ihm bei dem Besuch, den wir verabredeten, zu beweisen, daß er sich irrte. Tu das! sagte er.

Als ich den Hörer auflegte, hatte mein ungutes Gefühl sich verstärkt. Aber die Verabredung dachte ich doch einhalten zu können. Dann wurde die Operation vorverlegt. Dann konnte ich ihn nicht mehr besuchen. Dann traf mich die Nachricht von seinem Tod doch unerwartet. Warum hatte ich den Aufschub für ihn so erhofft. Seinetwegen? Meinetwegen? Und wenn auch meinetwegen: Warum?

Jetzt würde er, da die Frage einmal gestellt ist, gründlich vorgehen. Und was das bei ihm heißt, »gründlich«, das muß man nachlesen, zum Beispiel in seinem Trakl-Essay. Zum Beispiel anhand seiner Verfolgung – das Wort trifft den Vorgang! – eines einzigen Motivs aus einer Zeile eines Gedichts: Der Wahnsinnige ist gestorben. Aus Trakls »Psalm«. Da erlebt man, erlebte ich in diesen Tagen erneut mit herzklopfender Spannung, was das sein kann, »eine Dichtung empfangen«. Wie du aufgerufen und herausgefordert bist mit allem, was du weißt; mit all deiner Erfahrung, und besonders mit jener Erfahrung aus den Krisen und Brüchen deines Lebens; wie du alle Quellen in dir erschließen mußt, aus denen dein Mut sich speist, denn den wirst du brauchen: Je tiefer du dich auf das Gedicht einläßt, umso näher rückt der Augenblick, da eine Kraft dich zwingt, »die Augen zu schließen, als ob das Haupt der Wahrheit sich erhebe«; und wen blicken die Augen dieses Medusenhauptes an, wenn nicht dich, und nun hast du ein weiteres Mal auszuhalten, was das Gedicht, auf rechte Weise empfangen, dir zufügt: »Der Wahrheit nachsinnen – / Viel Schmerz«.

Die Poesie, sagt Fühmann, wieder und wieder, die Poesie wirkt wie das Verhängnis. Und er zitiert Baudelaire: »Das Wort verrät, wovon« ein Dichter »besessen ist«.

In diesen wenigen Tagen, seit er starb, und seit ich ihn unaufhörlich lese, habe ich ihm nicht die Ehre der Genauigkeit antun können, die er Trakl erweist, indem er dessen häufigste Worte anführt und zählt. Doch will ich es wagen, diejenigen Worte zu nennen, die ich für seine wesentlichen halte; es sind dies: Wandlung. Wahrheit. Wahrhaftigkeit. Ernst. Würde. Sie alle stehen, wie selbstverständlich in einem Werk, das von einem zentralen Widerspruch her geschaffen ist, zueinander in Beziehung; ihre Antriebskraft, ihre Richtung und ihren Inhalt aber bekommen sie von dem Wort Wandlung, das Thema, in das Fühmann sich »eingeschmolzen« weiß: seinem unausgesetzten, inständigen Versuch, sich wandelnd und den Prozeß dieser Wandlung beschreibend, sich dem Verhängnis zu stellen, ein Generationsgenosse und, bis zu einem gewissen Grad (das schränke ich ein, nicht er!), Teilhaber jenes mörderischen Wahndenkens gewesen zu sein, das Auschwitz hervorbrachte. »Vor Feuerschlünden«: Dahin hat er immer wieder zurückkehren müssen. »Von Auschwitz komme ich nicht mehr los.« »Meine Generation ist über Auschwitz zum Sozialismus gekommen.« Und, unerbittlich weiterfragend, damit die Wahrheit ihr Haupt erhebe, mochte der Blick der Medusa ihn auch vernichten: Wie hätte ich mich verhalten, wäre ich nach Auschwitz kommandiert worden.

Wieder und wieder. Und da Fühmann sich – und uns – keine Scheinfragen stellt, kann man, lesend, konnte ich, bekannt mit der Tatsache seines Todes, das heißt: vom Ende her, aus den Landschaften seiner Bücher jene Struktur sich abzeichnen sehen, die gesetzmäßig und nicht beliebig ist; jene Richtung, zu der er – einmal die Wahl angenommen: Wandlung! – nun gezwungen war. Ein strenges Leben. »Künstler ist, wer nicht anders kann – und dem dann nicht zu helfen ist.« Er hat sich abgearbeitet. »Ich übe

einen harten Beruf aus, Momente des Glücks sind darin selten, sie stehen sehr nahe dem Unerlaubten.« Einmal, in den letzten Zeilen des Trakl-Essays, gesteht er, »am Ende« seiner »Kraft« zu sein. »Wir werden weiter der Wahrheit nachsinnen. – Mehr Schmerz? – Wir werden es erfahren. – Aber es kann wohl nicht anders sein.« Wenn ich mich frage, wie er es sich wohl gewünscht hätte, daß hier und heute über ihn gesprochen werde, so glaube ich eines zu wissen: Er hätte es sich verbeten, jenen Widerspruch zu verharmlosen, zwischen dessen Pole er »bis zur Grenze des Zerbrechens gespannt« war. »Der Konflikt zwischen Dichtung und Doktrin war unvermeidlich«, formuliert er als Einsicht in eben dem gleichen Essay, in dem er fragt, warum, unter welchen Umständen er bereit gewesen ist, das Geheimnis der Dichtung einer Doktrin zu opfern. »Beide waren in mir verwurzelt, und beide nahm ich existentiell. Es war mir ernst mit der Doktrin, hinter der ich noch durch die verzerrtesten Züge das Gesicht der Befreier von Auschwitz sah, und es war mir ernst mit der Dichtung, in der ich jenes Andere ahnte, das den Menschen auch nach Auschwitz nicht aufgab, weil es immer das Andere zu Auschwitz ist. ... Mein Konflikt brach von innen aus, nicht von außen, also war er nicht vermeidbar. Sein Ende ist noch nicht abzusehen.«
Was bleibt einem Schreibenden in einer derart exemplarischen Situation? Er muß sich selbst als Exempel setzen; das Exempel an sich statuieren. Der Weg – alle die verschiedenen Wege, die Fühmann in den letzten zehn, zwölf Jahren einschlug – führten ihn zu beispielhaften Vergleichen. Über E. T. A. Hoffmann, dem brüderlich Verwandten: »Was leistet er also? Er liefert Modelle. Wovon? Von Menschheits- und Menschenerfahrung.« – Über die Plastik, die Wieland Förster, der Freund, von ihm schuf: »Es war kein Abbild, es war ein Gleichnis, das Bild von bestimmten Möglichkeiten und den Hindernissen ihrer Verwirklichung; das Ich des Modells in der Sphäre des Wesentlichen.« Es ist sein eigenes ästhetisches Programm, und das Gleichnis, an dem er seit fast einem Jahrzehnt in Gedanken arbeitete, für das er Material zusammentrug, das er wohl als sein Hauptwerk sah, hieß: Das Bergwerk. Er sprach darüber, erzählte Episoden, den Grundgedanken, bezog alles, was er inzwischen tat, auf dieses eigentliche Buch – oft als Störung, oder Abhaltung –, und erklärte mir und anderen vor zehn, elf Monaten: Er habe es aufgegeben. Ich bin damals sehr erschrocken und hatte Mühe, diesen Schreck wenigstens in den Ausdruck des Bedauerns zu mildern. Nun fand ich beim

Wiederlesen seiner letzten Bücher, daß sie ja alle schon Teile, nicht nur Vorarbeiten, jenes geträumten Lebensbuches sind: Bestandteile einer Gesamtarbeit, deren Richtung in die Tiefe ging, in immer weniger bekannte, immer dunklere Bereiche, zu den Ursprüngen hin, den Mythen und Märchen, und in das eigene Innere, die Höhlen des Unbewußten, des Schauerlichen, der Schuld und der Scham. »Bergwerk der Träume« finde ich, doch überrascht, schon in »Zweiundzwanzig Tage oder Die Hälfte des Lebens« – ein Buch, in dem er ganz zu sich kommt, ganz bei sich ist. Und das mich getröstet hat: Er hat es gehabt, Lebensgenuß und Lebensfülle, Daseinsfreude und Freundesnähe. Er hat die Verzweiflung durchgestanden, die Versuchung der Sucht und der Selbstvernichtung überwunden und ist erneut an die Arbeit gegangen. Er macht sich an die Untersuchung der Gründe.

Unser Dialog, der in den fünfziger Jahren begonnen hatte – ich erinnere ein Gespräch an einem der kleinen runden Tische des »Café Praha«, er zeigte ein Manuskript, das hieß: »Fahrt nach Stalingrad« –, muß in den sechziger Jahren aus Gründen, die ich auch bei mir suchen und untersuchen müßte, spärlicher gewesen sein. Eine gemeinsame Ungarnreise; die Stätten, an denen Attila Jozsef, dessen Gedichte Fühmann nachdichtete, gelebt hatte. Der Bahnübergang, an dem er gestorben war. Gespräche auf einer Schiffsfahrt auf der Donau, immer und immer wieder über unser Thema, von dem wir besessen waren: Politik, Kulturpolitik in diesem Land.

Eines der Erinnerungsbilder, das ich von ihm habe: Wie er, noch als dicker Mann, schnaubend und prustend, mit Schlingpflanzen behängt, aus dem flachen Ostseewasser vor Ahrenshoop auftaucht. Dann plötzlich – habe ich da einige Jahre verpaßt? – steht er als ganz Veränderter, Abgemagerter vor mir, und er lehnt alles Eßbare ab. Ja, rigoros ist er gewesen, und er war mir ein wenig unheimlich in seiner Unbedingtheit, doch nun kann ich ein Wort wie »unheimlich« gar nicht mehr denken und niederschreiben, ohne mir die Deutung zu vergegenwärtigen, die er, Fühmann, ihm in seinem Aufsatz »Fräulein Veronika Paulmann aus der Pirnaer Vorstadt oder Etwas über das Schauerliche bei E. T. A. Hoffmann« gegeben hat. Ich weiß noch, daß mich schon sein Essay – »Über das mythische Element in der Literatur«, erregt hatte, und daß ich ihm aus der germanistischen Bibliothek in Edinburgh eine entsprechende Karte schrieb. Seine Antwort liegt vor mir: ». . . Der liebe Gott der Schriftsteller machts schon, daß wir einander finden, wenn wir einander brauchen ...« So war es. Von nun an kann ich fast für jedes seiner neuen Stücke den Ort angeben, an dem ich es las – oft noch als Manuskript, und das Fräulein Veronika Paulmann brachte Fragen wie diese: »Werden müssen, was man flieht – ist es unabwendbar?« Und über das »Degradieren seiner Mitmenschen zur bloßen Sache, zum Mittel«, Sätze wie den: »Und daß es so gewöhnlich ist, daß man's nur bemerkt, wenn es einen selbst trifft, doch dann mitten ins Herz.«

Auch meine Sache wurde da verhandelt. Phasen gab es, da hatte ich das Gefühl – er auch? das weiß ich nicht –, daß wir einander zuarbeiteten. Und andererseits: Die Reibeflächen, gerade an Gegenständen der größten Annäherung. War er verletzbar? Ja. Allein – er vertrug Kritik. Jemand wie er, der sich immer neu von Grund auf infrage stellte. Nur ernst mußte er genommen werden. Ich entsinne mich der Geste und der Miene, mit der er sich nach einer Versammlung, in der Würdelosigkeit und Feigheit dominiert hatten, erhob: So, Freunde. Das ist's gewesen. Hier seht ihr mich nicht wieder. – Und man *hat* ihn in jenem Gremium nicht wiedergesehen. »Ernst und Würde, das sind Worte, die mir gefallen«, hatte er geschrieben. Kritik als Farce – das ertrug er nicht. Er konnte verachten, anhaltend und unversöhnlich. Aber er konnte auch – fast möchte ich sagen: vor allem – rückhaltlos bewundern und bejahen. Ernst, ganz ernst nahm er die Jungen. Nicht nur die Kinder: Alle seine Freunde mit Kindern wissen davon zu erzählen, wie er für Stunden aus dem Kreis der Erwachsenen ins Kinderzimmer entschwinden und sich mit einem achtjährigen Mädchen oder einem fünfjährigen Jungen in profunde Gespräche verstricken konnte, zum Beispiel – das war das letzte Gespräch, dem ich beiwohnte – über Wesen und Natur der Hexen. Und seine Bücher für Kinder! Aber ich wollte von den Jungen reden, die nicht mehr Kinder sind, und die Gedichte schreiben. Dadurch fielen sie zwangsläufig unter eine Menschengruppe, für die er sich verantwortlich wußte. Er war ihr Freund, Bewunderer, Kritiker, Berater, Helfer, wenn es denn sein mußte, auch Geldgeber, und ihr Anwalt. Die Briefe, die er um ihretwillen an die Behörden schrieb! Nichts, dachte ich in den letzten Jahren manchmal, quälte ihn so wie die Zwangsvorstellung, er könne ein unterstützungsbedürftiges Talent, ein Genie gar, übersehen, so daß es verloren gehn, verderben könnte. Ob in diesem Land Dichter nachwuchsen; ob es eine Literatur geben wird, die diesen Namen verdient – das war seine ureigene Sorge und Bekümmernis. Ja, es ist vorgekommen, daß er auf einen traf, der sich selbst nicht ernst, nur wichtig nehmen konnte. Nie vergesse ich, wie er, ein Gezeichneter nach der ersten Operation, noch auf der Intensivstation, an all diese Schläuche angeschlossen, dahockte und manisch reden mußte über die letzte Enttäuschung, die ihm einer zugefügt hatte, und ich vergesse nicht, wie jeder Ansatz zur Besserwisserei in mir wegschmolz. Ich blicke mich um, auf der Suche nach dem, der in seine Fußstapfen treten könnte, und mir wird bange.

Ein anderes Bild: Sein Krankenzimmer, umhängt mit den Grieshaberschen Darstellungen des Todes. Das war nach einer späteren Operation. Er habe sich gedacht, das werde vielleicht nichts mehr. Da habe er sich den Alten hingehängt, mal so zum Drangewöhnen. – Und wer dabei war, wird ihn im Gedächtnis behalten, wie er, wenig später, in diesem Saal unter Schmerzen, die man ihm nicht anmerken sollte, sein Plädoyer für Franz Kafka hielt.

Aus seinen Briefen zu zitieren, ist es noch zu früh. Nur einen Absatz möchte ich anführen, aus einem Brief, den er mir vor zwei Jahren schrieb, und ich möchte mir erlauben, zu zitieren, was ich ihm antwortete.

»Wenn Du in die Mythologie sinkst,« schrieb er, »dann begegnest Du sicher dem Prinzen Hyppolitos, der hat sein Leben der Artemis geweiht, dieser schrecklichen Jungfrau, der Jägerin, und hat darüber Aphrodite zu dienen versäumt, und die rächt sich nun. ... Hyppolitos liegt am Schluß im Sterben, und nun hat er nur einen Wunsch: Die, der er sein Leben geweiht, seine Göttin, Artemis, die leichtfüßige Schweiferin, möge ihm in der Sterbestunde sich zeigen, und das tut sie auch, aber um zu sagen: I gitt, du stirbst ja, das ist nichts für mich, schon der Anblick von so einem verunreinigt mich; und sie haut ab. Irgendwie gehts einem mit dieser Scheiß-Literatur so. Man kriegt Briefe, was man da geleistet habe (so wie sich um den Hyppolit das erlegte Wild häuft), aber das ist alles Papier für Papier, und die Göttin erscheint nicht, und täte sie's, sagte sie sicherlich auch: ›I gitt.‹«

»Lieber Franz,« erwiderte ich ihm. »Vorausgesetzt, daß Europa nicht in den nächsten Jahren in die Luft fliegt: Das wichtigste ist doch, was wir schreiben. Mach doch bloß Dein Bergwerk. Die Artemis, die Jägerin, ist doch nur in der männlichen Ausdeutung eine ›schreckliche Jungfrau‹, ursprünglich war sie nur ein anderer Aspekt der Aphrodite, und die beiden lagen nicht miteinander

in unstillbarem Streit. ... Und wenn die Göttin nicht herbeigezwungen, sondern auf die rechte Weise herbeigesehnt und -gewünscht wird, und sei es in der Sterbe- oder Schreibestunde, dann kommt sie ganz selbstverständlich, leichtfüßig und wohlgesonnen, und was sie sagt, ist keineswegs: I gitt. Sondern: Na, Alter, immer noch nicht klüger geworden? Und dann lächelt sie auf ihre unnachahmliche Weise, und ... dann hörst Du sie atmen, und alles läßt sich machen. So wird es sein.«
Ob es so war? Wie ich es ihm wünsche. Ob es so sein wird? Was wissen denn wir. Wie sagte doch Franz Fühmann, eine Gedichtzeile Georg Trakls umkehrend: »Die Sonne ist das, was keiner begräbt.«

Plötzlich aufgewacht

Ich weiß, was ich zu tun habe. Ich lasse mich scheiden oder verschwinde einfach. Ich gehe ins Kloster oder ziehe mich auf den Berg Athos zurück. Wenn ich zur Seßhaftigkeit neige, werde ich ein Eremit, andernfalls ziehe ich als einsamer Pilger oder Weltenwanderer meines Weges. Vaterseelenallein werde ich in einem Häuschen mit Gärtchen leben und die Kritik der reinen Vernunft schreiben. Irgendetwas muß ich tun, um mich dem voraussehbaren Racheschlag der Weiber zu entziehen.
In diesem Moment klingelt der Wecker, ich wache auf und habe die Frauenbewegung gar nicht verraten. Ich bin diesseits verblieben, und als weibliche Feministin sitze ich heute abend in der Diskussion und höre mir das unermüdliche Argumentieren meiner »Schwestern« an: Ich liebe die Männer. Ich mag ohne Männer nicht sein. Mir gibt die Frauenbewegung nichts. Ich finde, diese Feministinnen übertreiben. Mir tun die armen Männer leid. Wir Frauen sollten den Männern helfen. Und alle Männer im Raum grinsen vor sich hin. Sie vernehmen allein das weibliche Alibi, mit dem eine Emanze sich ihnen zu Füßen wirft. Sie werten diese Worte ganz richtig als Unterwerfungsgebärde. Aber sie wissen nicht, was es sie kosten wird, diesen forschen Emanzen so bedrohlich zu erscheinen, daß auch noch bei Tee mit Rum und Knabberkirschen den Männern in den Arsch gekrochen werden muß.

Christa Reinig

Günter Kunert *Im Schrank*

Ich bin hier geboren, sagte er, als er das Erstaunen nach dem Türöffnen wahrnahm; ein resignierendes Achselzucken seinerseits unterblieb jedoch, da der Kleiderbügel über seinen Schultern und unter seiner Jacke es auch gar nicht gestattet hätte. Der Hotelgast, nachdem er den ersten Schock überwunden, geriet in Verlegenheit; da stand er mit seiner koffergeknitterten schwarzen Hose, dem zerdrückten guten schwarzen Jackett und wagte weder dies noch jenes neben den Schrankbewohner zu hängen; er brachte es nicht einmal über sich, die Schranktür wieder zu schließen, wie einer, der unabsichtlich einen Gefangenen befreit hat, nun seine gute Tat nicht rückgängig machen will, auch wenn er merkt, der Befreite sei vielleicht der Wohltat nicht würdig. Doch der Schrankbewohner, in sachtes Schaukeln durch Auftupfen mit den Fußspitzen am Innern des Schrankbodens versetzt, bemerkte die Verlegenheit und kam dem Gast entgegen, ihn moralisch entlastend: Schließen Sie ruhig die Tür, ich bin es gewohnt, ich bin, wie gesagt, hier drin geboren! Sie werden doch auch einem Fisch nicht das Wasser vorenthalten, nur weil Sie es selber für zu kalt oder überhaupt für unerträglich halten?

Gequältes Lächeln auf seiten des Gastes, der es nicht übers Herz brachte, die Schranktür ganz in ihren Rahmen zu drücken und sie einen Spalt weit offenließ. Seinen mottenpulverduftenden Anzug bettete er über einen Stuhl; er mochte den Schrankbewohner nicht durch das Insektenmittel gefährden; auch war er unsicher, ob nicht der obskure Kerl seine Taschen durchkramen und etwas stehlen würde. Vielleicht stimmte dessen Geschichte, von der man nur ein paar Andeutungen kannte (»Ich bin hier geboren, ich lebe hier . . .«) überhaupt nicht, und er, von dem man durch den leeren Schrank membranhaft verstärktes Atmen hörte, war ein Dieb, ein Einbrecher, zufällig von diesem Hotelgast überrascht und das Versteck phantasievoll zu verblüffender Erklärung der eigenen Anwesenheit nutzend: Ja, das wäre möglich!

Ich hole die Polizei, rief der Gast, indem er die Schranktür aufriß. Was suchen Sie in meinem Schrank? Ein Augenpaar sah ihn müde und ergeben an: Ich habe es Ihnen doch schon erklärt, und der Schaukelnde stellte, indem er seine Handflächen gegen die hölzernen Seitenwände drückte, seine offenkundig einzige Unterhaltung ein: Greifen Sie in meine Brusttasche! Nicht ohne ein gewisses Ekelgefühl berührte der Gast mit der Hand den Körper des anderen zwischen Jacke und Hemd, fiebrige Hitze verspürend. Worauf ließ er sich da bloß ein, um, von den Anweisungen des Baumelnden gelenkt, dessen Ausweis mit spitzen Fingern aus der Brusttasche ans Licht zu bringen! Schlagen Sie auf, schauen Sie nach, was unter »Beruf« steht; na, also, was habe ich Ihnen gesagt?! Ein Anflug von Triumph, vermischt mit Befriedigung: So weist ein Krüppel, dessen Krüppelhaftigkeit man wegen seiner schnellen Gangart anzweifelt, seine Beinprothese vor. Richtig: Da stand unter dem Geburtsdatum in der Zeile, wo der Beruf eingetragen wird, das Wort »Schrankhäusler«.

Ich bin amtlich anerkannt! dröhnte es dumpf aus dem Schrank, nun schon gar nicht mehr wie um Entschuldigung bittend, sondern verstärkt durch die Kraft einer den Aufenthaltsort legitimierenden Autorität. Jetzt hatte der Gast keine Bedenken mehr, die Schranktür fest zuzumachen. Während er den Schlüssel von außen herumdrehte, protestierte es dumpf im Schrank: Wollen Sie mich umbringen, soll ich im Dunkeln verrecken, solche wie Sie kennen wir, hängen nicht mal ihren Anzug her, werden wohl genug zu verheimlichen haben, und der Gast schlug mit der Faust an das Holz und schrie seinerseits: Ruhe da drinnen, ich habe ein ruhiges Zimmer gemietet, ohne Tumult in meinen Schränken, ich werde mich beschweren.

Als er sich, auf der Bettkante sitzend, die Schuhe ausgezogen hatte, fiel ihm auf, wie lange es schon im Schranke still war. Auf Strümpfen schlich er zu dem Möbel und legte sein Ohr an das polierte Furnier: nichts. Kein Laut. Ob ihm möglicherweise nicht gut ist, vielleicht ist er in der stickigen Schrankluft ohnmächtig geworden, wer weiß, was daraus entstehen kann, man möchte ja seinen Mitmenschen, selbst wenn sie Schrankhäusler sind, nichts Böses antun, solange es nicht notwendig ist. Auch dachte der Gast an die Komplikationen, falls der im Schrank stürbe: Polizei, Amtsarzt, Verhöre, Untersuchung, eine Kette von Unannehmlichkeiten, die ihn, der doch nur drei Tage in dieser Stadt bleiben wollte, für längere Zeit an diese fesseln würde. Hastig riß er die Tür wieder auf: das Kinn auf der Brust, den Kopf leidend geneigt, die Stirne schweißglänzend, so hing der Schrankhäusler da, schien auch ohne Atem, als der Gast mit gesteigertem Widerwillen seine Hand erneut zwischen Hemd und Jacke schob. Schlug denn das Herz überhaupt noch? Mein Gott, ich bin ein Mörder!

Aus Versehen, aus Zufall, aus Unachtsamkeit! Aber das schützt bekanntlich nicht vor Strafe. Nun zeigte die Stirn des Gastes ebenfalls Feuchtigkeit und sein Antlitz eine Blässe, als hätte er selber von Geburt an im Dunkeln einer kistenähnlichen Behausung vegetiert. In der Hoffnung, die drohenden Komplikationen zu vermeiden, hakte er den Reglosen von der durchgehenden Messingstange ab und zerrte den schlaffen Körper durchs ganze Zimmer zum Bett, wo er ihn auf die Steppdecke wälzte. Er nahm die kraftlosen Arme des Daliegenden, winkelte sie und versuchte, wie er es einmal im Film gesehen, durch pumpenartiges Auf und Ab in dem fremden Brustkorb Atem hervorzurufen. Zu einer Mund-zu-Mund-Beatmung konnte er sich nicht aufraffen; die wächsernen Lippen, von beschmierten Bartstoppeln umgeben, stießen ihn ab: Dann soll er lieber krepieren! Und als er schon mit sinkendem Mitleid, auch sinkendem Selbstmitleid, und zunehmender Gleichgültigkeit in der Anstrengung nachzulassen begann, schlug der andere die Augen auf und keuchte: Luft! Luft!

Merkwürdig rasch kam der Schrankhäusler zu sich, rekelte sich auf der weichen Decke, seufzte und kuschelte sich wohlig in die Kissen. Und während ihn der Gast noch musterte, sprach der Gerettete: Sie wissen, daß ich Sie wegen Mordversuch, zumindest wegen fahrlässiger Tötung anzeigen könnte? Und ehe der Gast etwas erwidern konnte, winkte er ab: Sparen Sie sich Ihre Einwände, die kenne ich schon! Wenn Sie bei Nacht einen Fußgänger überfahren, weil Sie ihn nicht gesehen haben, wird man Sie trotzdem einsperren! Nicht in einen gemütlichen Eichenschrank mit bestem Furnier und echter Messingstange, sondern ganz woanders hinein! Und als der Gast schwieg: Na, sehen Sie! Ich kenne mich mit den Hotelgästen aus, aber die sich nicht mit Schrankhäuslern, das ist ihr Fehler! Unwissen verdient Strafe! Glauben Sie nicht, mein Lieber, daß Sie an mir etwas gutzumachen haben?

Er sah zu, wie der Gast zur Brieftasche griff, einige Scheine hervorzog, nahm sie danklos entgegen und wedelte mit den Papierlappen vor seinem Gesicht: Was soll ich damit, guter Mann? Soll ich etwa in meinem Schrank dieses Geld ausgeben? Meinen Sie, die Holzwürmer in der hinteren linken Ecke werden mir dafür einen Schleiertanz oder gar noch Besseres vorführen? Soll ich der alten grauen Motte, die erst zur Nacht aufwacht, ein entsprechendes Angebot machen? Soll ich einer verirrten Fliege einen Schein geben, damit sie für mich in die Kneipe fliegt und mir eine Flasche holt? Mein Lieber, was soll mir Ihr Geld, solange ich es nicht ausgeben darf? Ich weiß schon, was Sie sagen wollen, mein lieber Lebensretter, aber das geht nicht. Ein Schrankhäusler muß Tag und Nacht auf dem Posten bleiben und seine Pflicht tun! Ich kann einfach nicht weggehen, jedenfalls nicht ohne weiteres. Ja, wenn Sie für ein Stündchen meine Stelle übernehmen würden, dann wäre alles im beiderseitigen Interesse geordnet: Ich könnte ein Glas trinken, und Sie brauchten nicht vor Gericht! Der Gast zögerte mit der Antwort, da begann vor ihm der Schrankhäusler eine Vorstellung mit Augenverdrehen und Ächzen, konvulsivischem Zucken und Stöhnen: Hilfe! Hilfe! Mord! Mord! – immer lauter, bis der Gast flehend die Hände hob, Stellvertretung versprach und mit Erschrecken beobachten mußte, wie vital der Schrankhäusler vom Bett aufsprang, sich das Haar glattstrich, den Schlipsknoten anzog und, seinen Ausweis auf der Handfläche, vor den Gast hintrat: Nur zur Sicherheit! meinte er. Falls eine Kontrolle kommt, Sie müssen doch die Rechtmäßigkeit Ihres Aufenthaltes im Schrank nachweisen können, bei dieser schlechten Beleuchtung da drinnen merkt den Unterschied keiner, geben Sie Ihren Ausweis her, und dem erstarrten Gast fuhren geschickte Finger in die Brusttasche, sein Identitätsbeleg verschwand, während er mit dem des anderen dastand: Nun rasch in den Schrank, mein Lieber!

Der Schrankhäusler entledigte sich der Jacke, schnallte sich den Bügel von den Schultern, löste Gurte und Riemen, reckte sich genüßlich und forderte seinen Stellvertreter auf, sich ebenfalls zu entkleiden. Nachdem der Gast sein Jackett ausgezogen, wurde er in den Sessel gedrückt, das Ledergeschirr umschlang Brust und Achseln, mit dem Hinterhaupt stieß er an den großen Haken, an dem er Augenblicke später im Schrank hing. Wie eigenartig es darinnen roch. Nach Mottenpulver, Zibeben, Zimt, Nelken, Schweiß, Dörrholz, Staub, abgetragenen Kleidern, muffig und erregend, nach Papier, nach Druckerschwärze, Brillantine, Rasierseife, Gummiwaren, Zigarrenasche, Pfeifenschmauch und der dauernden Anwesenheit einer undefinierbaren Person. Gibt es hier kein Licht, wollte der Gast wissen, immer noch ungläubig, daß so einer in völliger Finsternis gelebt hatte. Also dann, in einer Stunde auf Wiedersehen! Lassen Sie die Tür einen Spalt weit offen, bat der Gast, hörte: Also, in einer Stunde! Woraufhin sich Tür und Rahmen lichtdicht schlossen: draußen wurde der Schlüssel hörbar herumgedreht und abgezogen.

Hoffentlich halte ich das aus, dachte der Gast und atmete gequält, und nach zehn Minuten schien es ihm schon, als habe er Stunden, ja, Tage in dieser Schwärze verbracht, und während er Spekulationen über die bisherige Länge seines Aufenthaltes im Dunkel anstellte, überraschte er sich selber, wie er, die Zehen aufgestützt, sacht hin und her schwang: eine Frucht am Baum, eine Fledermaus im Gebälk, obwohl man als solche ja eigentlich kopfabwärts hing.

Das mußte Schlaf gewesen sein, betäubte Abwesenheit, schier traumfrei, als plötzlich der Schrank knarrend aufgemacht wurde, ein mürrischer dicker Herr hineinsah, über dem linken Unterarm einen schweren Wollmantel, den er nun rücksichtslos über den Schrankhäusler, der eigentlich keiner war, streifte und in den Schultern graderückte. Die kläglichen Proteste schien er nicht wahrzunehmen, weigerte sich möglicherweise, sie zu erkennen, wollte oder konnte es auch nicht: Darüber nachzugrübeln hatte der neue Schrankbewohner reichlich Zeit. Denn seine Zukunft bestand in der Trägerschaft wechselnder Kleidungsstücke – Mäntel, Jacken, Blusen, Fräcke, Gehröcke, Uniformen, Umhänge, Blousons, Lederwesten, Parkas, Pelze – ständig von wechselnden Körperausdünstungen betäubt, bei jedem Schranktüröffnen zu neuer Erwartung und Hoffnung geweckt, sein Vorgänger käme endlich zurück, um wieder seinen angestammten Platz einzunehmen. Obwohl ihm von Helligkeitseinfall zu Helligkeitseinfall, den einzigen Zäsuren der Dunkelheit, klarer wurde, daß der andere nie wieder erscheinen würde, hielt er standhaft an der Illusion fest, irgendein Zufall brächte den Verschwundenen doch noch einmal her. Sonst hätte er seinen Schlips über die Messingstange geworfen, einen Knoten geknüpft und sich einfach fallengelassen. Nein, diese Freude würde er dem Schrankhäusler nicht machen. Sondern bei dessen Rückkehr ihm mit wehem Blick in die Augen schauen, und dann werde sich schon alles zum Guten kehren. Weil jener für ihn das empfinden müsse, was vordem er für jenen empfunden hatte. Er, der zur Zeit Unterlegene, würde sich sofort als moralisch überlegen erweisen, und als solcher triumphiert man zu guter Letzt, wie er sich erinnerte. Irgendwo hatte er diesen hoffnungsvollen Satz gelesen, wenn er auch im Augenblick nicht mehr wußte, wo.

Das Publikum wartet. Cranach gerät in eine andere Zeit. Seiffert erkennt die Lage und verliert die Stimme. Buss im Alleingang.

JOBST: Einlaß!

(Der Vorhang schließt sich, der Vorhang öffnet sich. Die Bühne hat sich um 180 Grad gedreht. Die Schauspieler stehen mit Rücken zum Publikum vor dem den Bühnenhintergrund abschließenden Vorhang, hinter dem die Geräusche des erwartungsvoll einströmenden Publikums immer deutlicher werden.)

BUSS (aufgeregt): Fahrstuhl zum Keller, wo gehts hier raus, ich muß pissen.

CRANACH (seltsam souverän): Kommt mal her, du auch, Artur.

(Buss beklebt sich mit Plakaten.)

Wir sind heute das erste Mal zusammen. Für eine erste Probe nicht schlecht, das gebt mir zu. Drei vor acht. Mein Vorschlag. Ich hab alles notiert.

(Steckt das rotschwarze Buch demonstrativ weg.)

Kritik wird verschoben auf morgen. Jetzt verbohrn wir uns nur.

(Alle hören angestrengt zu, irgendwas begreifen sie nicht.)

Morgen ist auch noch ein Tag. Laßt den Kopf nur nicht hängen. Prima Probe, find ich. Wir haben zehn Tage Zeit,

(unsicheres Lachen der Kollegen.)

– mit Sonntag elf. Da holen wir das spielend hoch. Wir haben's doch drauf. Acht ist es gleich. Bin verabredet, leider, ich muß mich noch umziehn.

(Faßt sich ins Gesicht, verwundert.)

Was? Geschminkt bin ich auch noch? Und wieder komm ich zu spät. Unpünktlich bin doch nie! Tut mir leid! Aber wir sehn uns ja noch. Machen wir uns die Hosen nicht voll. Prima Probe. Ich fand es gut. Morgen um zehn. Und bitte Artur, einmal pünktlich. Herrschaften! Danke! (Ab.)

SEIFFERT: Halt den fest, Ernst! Nein, laß ihn nur laufen! Feierabend! Auch mal für mich! Kein Tisch wird bestellt! Kein anschließendes gemütliches Beisammensein. Nie mehr ein anschließendes gemütliches Beisammensein. Unsereinem wird nie was gegönnt! Kein Wort! Zu niemandem ein einziges Wort.

BUSS: Stop, Hartmut, wart!

SEIFFERT: Niks »Stop, Hartmut, wart!« Meinen Scheck will ich zurück und dreißigtausend Mark für den Ausfall, Aber das kann ich dir sagen, Madame, wir sprechen uns noch. Dir geb ich Kalbfleisch. Ich sag ab!

Buss (inzwischen mit weißer bröckelnder Masse und Pappe überklebt, an primitive Kulte gemahnend): Stop, Hartmut, wart, ich mach das alles allein. Gleich acht! Ernst! Ernst, du schaffst das! Ich mach das alles allein. Hör auf, dich zu kratzen! Solonummern hat Buss schon oft abgerissen. Was ist das? Leim ist das nicht! Das wird hart! Das ist Gips! Paß auf! Wir machen das so: Stichworte bleiben »Raus«, »Zappzarapp«. Du, Ernst: Licht weg. Du, Jockel: Crash!

(Imitiert Flugzeug.)

Und Bruch! Roger? Klaro! Muß nur kurz pissen, kann man denn nirgendwo pissen. Gleich acht. Jetzt piß ich hinter die Bühne.

Seiffert: Ich sag ab.

Monika: Du sagst ab?

Seiffert: Ich sag ab.

Monika: Ja, sag ab.

Buss (erleichtert): Ja, sag es ab! Sag es ab!

Seiffert: Wann sind endlich diese verkrüppelten Zuschauer im Saal, damit ich absagen kann. Aber was sag ich? Wer hat meinen Kuchen gefressen?

Cranach (zurück): Immerzu hör ich dort draußen vom Saal her ein dumpfes Gemurmel. Es stimmt etwas nicht mit mir heute. Mir kommt es so vor, als wär ich woanders. Niemals hab ich Freunde um Hilfe gebeten. Heute bitte ich einen von euch, mich nach Haus zu geleiten.

Seiffert: Ich geh jetzt raus vor den Vorhang und sage ab. Was sag ich? Ich sag, ein Schauspieler hätte die Stimme verloren!

(Geht durch den Vorhang, das Getöse im Zuschauerraum verstummt, man hört Seifferts Versuche zu sprechen.)

Meine Damen und Herren – ein Hauptdarsteller –

(Er röchelt, bringt kein Wort mehr heraus, Seiffert kehrt zurück, das Publikum lärmt. Buss stürzt sich vor den Vorhang.)

Cranach (von oben herab): Hartmut, was sollte denn das?

Buss (vor dem Vorhang schreiend):

Zappzarapp!

(Es wird stiller.)

Zappzarapp ist immer gut!

(Es wird still.)

Hahaha!
(Es wird ganz still.)

CRANACH (überlaut, exakt): Was treibt der Buss wieder da draußen?

SEIFFERT: Reaktion Null.

BUSS: Aslan hängt gleich am Anfang des Abends, geht vor zur Souffleuse. Die flüstert's Stichwort, flüstert Aslan zurück: Keine Details bitte! Bitte das Stück!
(Stille.)

CRANACH: Trostlos. Jetzt wirds noch richtig. Eishose. Weltspitze. Das behalten wir bei. Hartmut, ich hab dauernd das Gefühl, da draußen sind Leute.

BUSS: »Die zerbrochene Hose«!
(Stille.)

SEIFFERT (schleppt Stühle weg): Bühne frei! Raus hier, Mutti! Jockel, an deinen Platz.
»Veronika«!

BUSS: »Endstation Hose«. Trotzdem.
(Imitiert Flugzeugabsturz / Stille.)
Dann könnte ich Ihnen nur noch eine Sitzecke empfehlen.
(Kehrt erschöpft zurück.)

SEIFFERT: Klaus. Latsch einfach hinter dem Buss her. Vorhang auf! Drei nach. Fast pünktlich.

a: können sie mir flötenunterricht geben?
b: nein, ich spiele leider nur das hackbrett!
a: leihen sie mir kurz einmal ihren hut?
b: nein, ich besitze leider nur einen leiterwagen!
a: ah, werfen sie einen blick zum fenster hinaus, wie schön die sonne heute blinkt!
b: nein, danke, ich bleibe lieber in meinem kleiderschrank, bis sich das gewitter verzogen hat; ich habe große angst vor kugelblitzen!
a: sie sind doch engländer, wenn ich nicht irre – oder?
b: nein, mit verlaub, ich komme aus dem ungarland!
a: dessen ungeachtet, nichts für ungut!

KARL RIHA

Guntram Vesper *Alter Genosse*

Er zeigte mir das Haus, früher
eine Werkstatt von Falschmünzern
und in dem Haus
mein Zimmer, Viereck mit
getünchten Wänden
und Holzfußboden, in der Ecke
ein rot gestrichenes Bett
hier hatte man
das Geld gemacht.

Vor dem Einschlafen fand ich
das Buch auf dem Nachttisch, zwischen den Seiten
alte Gasthausrechnungen und ein Brief
aus dem Jahr sechsundfünfzig: man hat uns
verboten, endlich
denn jede Gewalt erlebt
mit der Geburt schon
den eigenen Tod.

Notiz auf dem Umschlag:
das Auge
kann sich nicht
sehen, was kam
ist viel
weniger
und was es gekostet hat, viel mehr gewesen.

Geleimt statt geheftet

Bei einem Überfall auf ein Imbiß-Lokal in der Londoner Innenstadt haben drei Gangster die Angestellten mit einem Spezialkleber auf den Fußboden festgeklebt. Sie entkamen mit 5000 Pfund.

(dpa, 8. 4. 84)

Peter Rühmkorf *Meliorationsarbeit*

Kritik lebt nicht allein vom Hinmähen oder Zerschmettern, das ist wohl wahr, sie lebt vom Handauflegen. Kritiker leiden ja auch, und zwar von berufs- und produktionswegen, an einem tief veranlagten Pygmalion-Komplex, der der poetischen Naturerscheinung ihre himmlische Herkunft neidet und sich mit allen Mitteln ins Geschäft zu mischen sucht. Sie möchten persönlich mitwirken an der irdischen Karriere ihrer Schützlinge und wo nicht schon das Kunstprodukt, so doch Autoren und Autorinnen machen. Sie möchten Totes zum Leben erwecken, Hinfälliges reanimieren und gichtbrüchige Bühnenwerke auferstehen machen – am liebsten gegen die Gesetze der Schwerkraft und gegen den Sog der Publikumsgunst. Im Grunde kann ein Kunstwerk gar nicht tot genug sein, um ihrem problematischen Mitschaffenstrieb zu genügen. Das erklärt auf der einen Seite das geradezu gierige Vergnügen an spektakulären Todesfällen nebst angeschlossenen Verklärungsfeiern. Das erklärt aber auch die teilnahmsvolle Aufgeregtheit, die sie von einem Siechenbett zum anderen eilen läßt, hoffend, daß sie ein Auferstehungswunder zuwege bringen möchte.

Das Gesetz des schnellen Marktes, das sich dem öffentlichen Nervenleben viel inniger aufgeprägt hat, als wir es wahrhaben möchten, hat auch die ästhetischen Werte im Fluge mit erfaßt und ihre Halbwertzeiten auf ein Minimum heruntergedrückt. Was in unseren Jugend- und Lehrzeiten wenigstens in kleinem Kreise etwas galt, das Ideal des sinnvoll durchgebildeten Wortkunstwerks, ist längst dem Anspruch seiner schnellen Herrichtbarkeit gewichen, und als Herrichter oder doch als Mitregenten verstehen sich unsere Kunstrichter allemal. Was ihren Fütterinstinkt auslöst und ihr patenschaftliches Interesse wachruft, sind insofern auch gar keine gestandenen Kunstgebilde, sondern Skandalisierungen der Szene, die sich auf den ersten flüchtigen Blick wie Betriebsstörungen ausnehmen. Peter Handkes mittlerweile schon legendäre Herausforderung der »Gruppe 47« (gegen eine »Beschreibungsliteratur« gewendet, der der Autor mittlerweile mit Emphase anhängt) oder Thomas Bernhards affig überzogene Auseinandersetzung mit der Salzburger Festspielleitung (angelegentlich der Uraufführung des Dramas »Der Ignorant und der Wahnsinnige« über den Sinn oder Unsinn der »Notbeleuchtung« geführt) sind

nur einige unvergeßlich ins Bewußtsein der Lit-Szene immatrikulierte Regelverstöße, unvergeßlich vor allem deshalb, weil sich in ihnen die Rebellion des Einzelkämpfers gegen einen allzu gut geschmierten und auf den reibungslosen Transport von Ware ausgerichteten Apparat zu symbolisieren scheint. In unseren Zusammenhängen sind sie freilich eher als Schlüsselreize für ein unermüdlich um den Eindruck einer eigenen Schrägstellung ringendes Kulturestablishment interessant. Je verstockter sich Bürokraten und verbeamtete Bremsmaschinisten zeigen, umso nervöser beginnen die Schreibmaschinen der selbsternannten Paten zu klappern. Je verschmockter beleidigter Bürgersinn und engstirniges Ordnungswesen ihr Revier abstecken, umso aufgeregter geht es in jenen obersten Überbauetagen zu, wo sich die Frage »Notbeleuchtung« oder dichterisches Dunkel sogleich zu einer künstlerischen Gewissensfrage emporringelt.
Wo die Abweichung von der Norm schon gar keinen menschlich-sozialen Inhalt mehr hat (es sei denn Antipathie gegenüber dem gemeinen Publikumsverkehr) und die frohe Botschaft von ungenierter Dichterfreiheit kaum noch an Adressaten denkt (es seien denn schließlich doch jene ebenfalls von niemandem genierten Spitzenkräfte der literarischen Haute Couture), bilden sich in der Stille Symbiosen aus, die die Kultfigur und ihre Stylisten partnerschaftlich beteiligt zeigen. Zu kämpfen oder mühselig sich durchzubringen haben sie beide nicht, aber es muß doch wenigstens so aussehen. Von Parias, Outcasts, ungerechtfertigt Verkannten oder einsamen Gegenandenkern kann weder hier noch da die Rede sein, aber der Schein soll doch tunlichst gewahrt bleiben, der allerletzte Schein erfordert sogar einen Schatten von Muzot und einen Hauch von Sils Maria. So einfach ist es also wieder nicht oder ist es doch nicht mehr, daß Randale und Provokation das letzte Wort behalten, der gehobene Einzelne von heute eckt schon nicht mehr an, vielmehr er hält sich heraus, er enthebt sich, äußert sich durchs Medium, und die *Medien* beginnen langsam, aber unisono in Zungen zu reden.

Daß bei solchem Höhenbetrieb das Publikum nicht mehr viel zu melden hat, ist nicht allein seiner wachsenden Leseschwäche zuzuschreiben, sondern Resultat eines methodisch betriebenen Entmündigungsprozesses. Wo man sich als Mitzuschauer einmal richtig gemopst, amüsiert, erhoben und erheitert zugleich gefühlt hat, und man blickt am übernächsten Tag in die »Frankfurter Rundschau«, da war in Wirklichkeit gar kein Grund zur Begeisterung und eher ein Anlaß zum Schämen. Wo man das Theater vorzeitig verließ oder die Glotze mitleidig verhängte, haben sich andere, Befugtere bis zum Ende durchgequält, und – schwer zu fassen, aber dick und fett zu lesen – Grüber/Minettis verräuchert-verröchelnder Faust war für Rolf Michaelis ein »Theater für das dritte Auge«. So muß man sich wohl damit abfinden, daß Berufsbetrachter über Organe verfügen, die nicht schon jedem eignen, es sei denn, daß sich hinter dem exklusiven Geschmacksleben noch ganz andere Interessen einer geschlossenen Gesellschaft verbergen.

Allerdings geht es hier nicht allein darum, uns Muckis als Meisterwerke anzudrehen. Was zum Applaus ansteht und was wir gefälligst zu begrüßen haben – oder wir kriegen eins auf den Deckel –, ist der immer neu inszenierte Gestus der Publikumsverachtung und die gegen den kommunen Geschmack gewendete Künstlerattitüde.

Damit wir uns nun nicht falsch verstehen. Keineswegs soll geleugnet werden, daß auch diese schrille Weise von Selbstüberhebung und Massenabstoßung ihre eigene Kundschaft findet – es ist nur im Augenblick nicht unsere Frage. Was uns interessiert sind *Haltungen,* die eigentlich autoritär sind und von unseren rrradikal-liberalen Feuilletons als Absage an die Philisterwelt emporgenobelt werden, ein Hin und Her von Reizen und Reflexen, das einen vorzüglichen Untersuchungsgegenstand für literarische Verhaltensforschung abgibt. Haben wir erst einmal erkannt, daß Aufblasbarkeit und Blasiertheit voneinander abhängige Größen sind, dann entschlüsselt sich augenblicklich auch der Secamcode, der das Interesse der Pflegeeltern für ihre ausverschämten Kuckuckskinder bleibend stimuliert. Ja, hier schreibt wirklich eine auf Vorzugsbehandlung pochende Spezies von Autoren für ein reichsunmittelbares Rezensentenkorps und – vice versa – ein dem kritischen Zugriff weit entrückter Kritikerverein für eine ihre Luxusabweichung nach oben zelebrierende Literatenschaft: eine gemeinnützig organisierte Cosa Nostra des Geisteslebens, die den freidemokratischen Bildungstraum von Elitezüchtung und Bevorzugtenförderung schon seit Jahren unaufgefordert antizipiert.

Bevor ein Autor überhaupt zu einem Publikum in Beziehung treten kann, kriegt er es mit jener Degussa des guten Geschmacks zu tun, die seinen Produkten entweder die höheren Weihen erteilt oder ihnen – runter von der Rampe und rein in den Ramsch – den entscheidenden Schubs in die Bedeutungslosigkeit verabfolgt. Wer nämlich nicht in die beschriebenen Förderungskategorien fällt, und er heißt auch nicht gerade – wie war denn noch der Name? – Paul Watzlawick oder Allert-Wybranietz und kann sich nicht als Selbstläufer aus der Affäre ziehen, der macht manchmal ganz seltsame Erfahrungen. Stellen Sie sich vielleicht einmal die aus Freude und Bangen gemischten Erwartungen eines Schriftstellers vor, der ein Buch, einen Roman, ein Theaterstück, einen Gedichtband die zwei, drei, vier, fünf Jahre unter seinem Herzen getragen hat – länger als eine Mutter an ihrem Kind trägt, das nebenbei –, und nun blickt er mit allen Bekümmerungen einer nachgeburtlichen Depression in eine fast schon vergessene Welt: ob sie dem kleinen Geisterwesen mit Freundlichkeit begegne oder es wenigstens gnädig ansieht, aber nichts, überhaupt nichts tut sich, denn die großen Modehäuser sind gerade wieder am Umdekorieren, und er wiegt sich noch immer in Hoffnung, während unüberhörbar schon die Prospekte für die nächste Saison durch den Türschlitz klatschen, und nach dem Goethe- folgt unvermeidlich das Wagner-, Kafka- und Lutherjahr und dann wirft auch das Orwelljahr bereits seine drohenden Schatten voraus, und da kann denn der kleine Fundevogel noch so aufgeregt mit den Buchflügeln flattern – nix-nix! – wenn du zufällig nicht den Nerv der Szene triffst, bist du öffentlich gar nicht da, und während du immer noch auf eine Mitfahrgelegenheit wartest, bist du längst von den Selbstheilungskräften des Marktes abgetrieben worden.

Betrachten wir es noch einmal unter betriebswirtschaftlichen Aspekten. Um einem Literaturwerk die gewisse Anfangsbeschleunigung mitzuteilen, die ein Buch überhaupt erst über den Horizont und in den menschlichen Gesichtskreis hebt, bedarf es entschieden der Akkumulation diverser werberischer Schubkräfte. Wem sie nicht zuteil werden und wer dennoch nicht bloß schwarze Löcher in die Luft kucken will, muß sich selber rühren. Tragen die Bücher ihren Erzeuger nicht, muß der Erzeuger seine Bücher eben in die eigenen Hände nehmen. Wo die Leser gar nicht wissen, wonach sie verlangen sollen – weil kein Mensch, kein Medium sie vorher in Kenntnis gesetzt hat–, muß der Autor sich seine Leser persönlich zusammenlesen. So sieht er sich denn im geschätzten Verein mit einem ganzen Haufen ähnlich motivierter Wanderartisten durch die Lande schleifen (lyrische Selbstvertrei-

ber und musikalische Alleinunterhalter, politische Aufklärvaganten und auf den mündlichen Vortrag abgedrängte Märchenonkels/Fiction-Tanten), die alle zusammen und jeder für sich die künstlich zertrennten Drähte zwischen der Literatur und ihren Liebhabern kurzzuschließen suchen.
Daß solche archaischen Vermittlungsweisen ihre eigenen formalen Konsequenzen haben können, möchte ich nicht unerwähnt lassen. Selbstverständlich macht es einen Unterschied für die artistische Position, ob ich mich in der Rolle eines Höhlenheiligen zur Ruhe setze und meine Vertriebsprobleme außer Hauses regeln lasse – oder ob ich meinen Musterkoffer unverzagt von Wochenmarkt zu Wochenmarkt schleppe. Und natürlich teilt es sich dem gesamten Organismus eines Kunstgebildes mit, wenn ich meine Unbeweglichkeit zum Motiv und meinen Weltüberdruß zum einzigen Programmpunkt erhebe oder ob ich meinen windigen Platz zwischen Volkshochschule und Literatrubel als ernstzunehmendes Schicksal akzeptiere. Seine wirklichen Gespenster wie eine zirzensische Seehundnummer vorführen und seine oft tief in Friedhofsboden wurzelnden Zwangsgedanken gegen wechselnde Bühnenhimmel ausziehen (aber so, daß sie leuchten und Funken werfen), das scheint mir als experimentelle Herausforderung doch bereits die Schreibweise und den Satzbau anzugehen, während der stubenhockerische Misanthrop wohl immer nur die Haare in der Suppe findet, die ihm vorher selber ausgefallen sind.

Mit dem zeitgenössischen Vergnügungsmarkt und wirtschaftlich vertretbaren Kosten-Nutzen-Rechnungen hat unsere Ochsentour über die Dörfer ohnehin nicht viel zu tun – die Hälfte geht gemeinhin auf Benefiz und Gotteslohn, und mit der scheinbaren Unvoreingenommenheit eines musisch kaum beleckten Publikums hat es auch so seine Bewandtnis. Herrdeshimmels, wie oft ist man nicht dem politischen Nutzen zuliebe im Verein mit reichlich schlichten Tendenzmusikanten aufgetreten, und was einen erwartete – statt empfindsam besaiteter Resonanzböden –, waren dann in Habachtstellung erstarrte und auf einen einzigen Gesinnungston geeichte Stimmgabeln. Und wie oft haben wir unser feines Glasgeblasenes nicht auf Agit-Waren- und Politkunst-Messen ausgestellt, mit dem Resultat, daß die Leute dann doch nur nach Preßglas und Plaste verlangten. *Die* Krux ist wohl noch niemals richtig beschrieben, daß die politischen Kampfgenossen nicht unbedingt zu den geschätzten Brüdern-in-Apoll gehören müssen, die man sich immer ersehnt, und daß man sich manchen Liebhaber seiner Eff-eff-Spitzenkünste wieder ein bißchen vom Leib halten muß, um nicht umgekehrt für die sonderbarsten Elitetheorien vereinnahmt zu werden. Aber solche Widersprüche gehören nun einmal zu den Zumutungen einer uns zur Bearbeitung aufgetragenen Welt.

Mit gewissen Luxusanfechtungen, wie sie oben auf dem Parnaß interessieren, der von einer Handvoll E-Literaten gehalten und von einem ganzen Ringverein von Rezensenten verteidigt wird, hat das freilich nicht mehr viel zu tun – Meliorationsarbeit unter erschwerten Bodenbedingungen könnte schon eher eine passende Überschrift abgeben. Schließlich handelt es sich ja mitnichten um eine Absenkung des literarischen Anspruchs zugunsten leichter Konsumierbarkeit. Der Vortragende ist kein gelernter Volksschriftsteller, und er denkt auch gar nicht daran, die Anstrengung zu verharmlosen, die dem Kunstgenuß immer noch geschwisterlich verbunden ist. Aber wenn die Heranbildung eines Publikums überhaupt noch etwas gilt, dann ließe sich in der Vermittlung von Erbe und Experiment und von schönem poetischen Zaubergeist und politischer Aufklärungslust gewiß eine reelle pädagogische Aufgabe erkennen. Unsere Vorvorvorderen, die wir nie ganz aus den Augen verlieren wollen, haben solche irdischen Obliegenheiten der Künste unter einem nur scheinbar paradoxen Nenner zusammengefaßt, er heißt »delectare et prodesse«, also Vergnügen bereiten und Nutzen stiften, daran läßt sich gedankenvoll anknüpfen. Daß das System lebendig und das Flügelgespann beweglich bleibt, dafür sorgen im übrigen schon die immer wieder neu aus den Geleisen scherende Zeit und der fortwährend um das Glück der Harmonie gebrachte Zeitgenosse. Was wir gestern noch bedenkenlos für nutzvoll, sinnreich oder menschenfreundlich hielten – der in sich selbst begründete Fortschritt der Maschinen und Apparate –, kommt uns heute schon gar nicht mehr so erfreulich vor; und was der gnadenlosen Rationalisierung als ein Beitrag zu ihrer Bewältigung entgegenschlägt, der piekfeine Irrationalismus unserer achtziger Jahre, scheint ihr eher blind in die Arme zu laufen. Man sieht, unser Harmoniegespann wird fast täglich neu auf die Probe gestellt, und des dialektischen Bedenkens ist kein Ende, auch dort nicht, wo wir das vorläufige Schlußwort an einen modernen Chinesen abgeben: »Die kunst soll ein mittel der erziehung sein, aber ihr zweck ist das vergnügen.«

Da wurde der bleiche König hellhörig. Sein schwerer Leib sank lautlos zu Boden. Nun war es aus mit ihm. Gerade als hätte ihn die Jubelschar seiner Gäste in ihrer dichtesten Mitte zerdrückt, so kam er ums Leben. Die Menge, schon bereit, hinauszutreten auf die Terrasse und im Park den anbrechenden Morgen zu begrüßen, blickte sich um und sah einen, der sich zu Tode gefeiert hatte, starr auf den dunklen Bohlen liegen. Es war aber der König selbst und er lag auf breiten Schultern, die Augen standen zornmütig zur Decke gerichtet. Blankes Entsetzen ergriff die berauschte Gemeinde, und alle, seine Geliebten, seine Gefolgsleute und Ratgeber wichen schweigend zurück; keiner wagte sich dem erstarrten Herrscher zu nähern. Die Königin stützte sich still an die Mauer, sie wandte sich ab und drückte den Sohn ängstlich an ihren Schoß.
Und wie nun der eben noch befehlsgewaltige, eben noch den geraubten Pokal der Gnade schwingende Gebieter hingefällt und reglos in der Halle lag, da war seinen Getreuen plötzlich alles verändert. Da riß es jedem den Schleier vom Auge, jedem die Bindung, die Achtung aus seiner Brust. Auf einmal war es ihr König nicht mehr, es lag dort ein blutiger Frevler, ein Mörder und Unheilstifter zu ihren Füßen. Den aber hatten sie nicht erkannt, solange er lebte, herrschte und handelte. Jetzt aber, seines obwaltenden Auges, seines mannhaften Handschlags, seiner großen Schritte und Worte verlustig, blickte sie nur noch das nackte, bleibende Böse an. Das alltägliche und graue Verbrechen, welches seine glänzende Inbrunst, sein stählerner Wille so lange umhüllt hatten, trat nun sichtbar wie ein Madengewimmel, ein Schwarm Ungeziefer aus dem Erblaßten hervor.
Kein Laut des Jammers und kein Gebet wollte sich erheben; es stockte die Träne und verlor sich die Andacht. Statt heißer Rührung ergriff die Höflinge eine eisige Furcht vor der Nachwelt. Jedermann drängte und wollte so schnell als möglich geduckt sich davonstehlen. Dem durch sein abruptes Schweigen, sein blindes Starren, sein regloses Liegen plötzlich entdeckten Unmenschen wollte keiner je Untertan gewesen sein. Denn der *König* in diesem Mann hatte den Sturz ins Leblose nicht überstanden. Der Tod hatte ihm nicht nur Blick und Atem genommen, er hatte ihm mit einem Schlag auch Ansehen und Andenken, ja sogar die Geschichte geraubt. So schob sich denn alles rückwärtig zum Aus-

gang des Saals hinaus auf die breite Terrasse und schnell die Rampe hinunter in den vormorgendlichen Palastgarten.
Ihr Jüngster aber fragte die Königin, weshalb denn der Vater so ruhig liege und nicht mit den Gästen hinaus ins Freie trete, um sich zu erfrischen. »Kind«, stammelte die Mutter, »der Vater wird wohl allzu müde sein, um noch hinauszugehen.«
»Aber wenn er müde ist, warum macht er die Augen nicht zu?« Da seufzte die Königin und küßte den Sohn. »So müd ist unser König gewesen, daß er vergaß seine Augen zu schließen.« Nun ging das Kind von der Mutter und trat zu dem steifen Koloß, um ihm mit spitzen Fingern, wie's sich gehört, die großen Augen zu schließen.
Die Gesellschaft unterdessen draußen vor dem Saal, in den Hainen und auf der Empore schlang die freie Luft und hoffte, im Morgentau zu Nüchternheit, zu klaren Gedanken, zu besserem Gewissen zurückzufinden. Doch es wurde ihr nicht so bald wieder wohl. Eine dumpfe Betäubung hatte sie alle befallen und ließ bei niemandem nach. Der Tod des überaus Mächtigen strömte und streute eine gleichmäßige Benommenheit rings über das Land.

Nicht nur war es der kleinen übernächtigten Gefolgschaft des Königs versagt, über die letzte Schwelle ihres abgestandenen Rauschs hinwegzutreten, sondern auch das ganze übrige, um diese Stunde schlafende Volk fand nicht wieder in ein klares freies Erwachen hinaus. Vielmehr wurde es innerhalb der Grenze eines leichten, andauernden Schlummers ständig zurückgehalten, so daß es von nun an sein übliches Tagwerk, sein Denken und Treiben halbwegs unbewußt fortsetzte. Denn unser nächster Morgen brach nicht wie alle anderen an – er blieb in frühester Dämmerung stecken und zog nicht wirklich herauf. Wie heftig einer auch den Kopf freischütteln wollte, er konnte doch die pelzige Dämpfung auf seinen Sinnen nicht mehr entfernen. Und so blieb es, blieb es für viele, viele Jahre, allgemein und ausnahmslos; und manche meinen sogar, bis auf den heutigen Tag sei dies starke und schöne Land aus seiner Belsazar-Nacht nicht vollends erwacht.
Noch immer hält uns sein Tod umschlungen und flößt uns Furcht und Atem ein. Wohl sind wir alle ebenbürtig Benommene und haben uns daher auch gleiche Rechte bewilligt, eine freie Verfassung gegeben; doch wie mag es um unsere wahre Freiheit bestellt sein, solange wir unter *seinem* allumfassenden Sauerstoffzelt, unter *seiner* pneumatischen Hülle dahinvegetieren?
Denn diese Gesellschaft ernährt sich vom Tod ihres größten Frevlers.

Niklaus Meienberg *Da taar me nöd*

Wer ein Buch veröffentlicht, setzt sich der Kritik aus. Die freut ihn oder ärgert ihn. Wer zu den literarischen Bundesratsparteien gehört, kann in unserm schweizerischen Konkordanzsystem auf wohlwollende oder doch schonende Kritik zählen. Es gibt hier einen Konsens, wonach Max Dürrenmatt Friedrich Frisch Adolf Bichsel Peter Muschg Otto F. Nizon Paul Walter keine langweiligen, schlechten oder ganz schlechten Bücher schreiben können. Die dürfen so etwas einfach nicht. Das Friedensabkommen in der Literaturindustrie schützt die Sozialpartner. Jeder ist auf den andern angewiesen, jeder kann den andern, von einem bestimmten Bekanntheitsgrad an, fördern oder behindern. Da ist einer z. B. nicht nur Schriftsteller, sondern auch Dozent, kann seine eigenen oder verwandte Produkte von einem Kollegen ins Lehrprogramm aufnehmen lassen (Hermann Burger). Oder er ist (Hermann Burger) ausserdem noch Feuilletonredaktor und kann Bücher besprechen. Oder er arbeitet (Hermann Burger) noch am Fernsehen und kann dort Kollegen vorstellen. Oder er bedient noch die »Frankfurter Allgemeine Zeitung« und »Die Weltwoche« und weitere allgemeine Zeitungen mit Literaturkritik (Hermann Burger). Ein anderer wiederum ist nicht nur Schriftsteller, sondern auch Verleger und hat glänzende Beziehungen zu allen möglichen Verlagshäusern, nicht nur zum eigenen. Wer ihn hart bespricht, muss damit rechnen, dass sein Buch von dem einflussreichen Mann verhindert oder behindert wird. Und da nicht wenige Kritiker (Burri, Fringeli, etc.) auch als Autoren auftreten ... Besprichst Du mein Buch gut, dann besprech ich Deines gut, oder lass es gut besprechen.

Bücher sind Produkte, die auf handwerklich-altväterische Weise entstehen, in der Abgeschiedenheit von Schreibstuben, und auf industrielle Art vervielfältigt und vermarktet werden. Ihr Vertrieb ist auf die Zeitungen angewiesen. Ein Verriss in grossen Zeitungen behindert meist die Vermarktung und wird von den Autoren – das kann ich nachempfinden, das hab ich auch schon so empfunden – als Geschäftsschädigung betrachtet. (Totschweigen oder eine laue Besprechung schadet aber noch mehr als ein Verriss.) Da hat man zwei oder mehr Jahre gearbeitet und wird von einer Hudelkritik, die in zwei, drei Stunden verfasst worden ist, zerfetzt. Das tut weh, tut der Auflage (meist) nicht gut, und ist oft ungerecht. Aber es gibt Unterschiede. Ein *schlechter Verriss* unterstellt dem Schriftsteller einen Stil und Absichten, die er gar nicht hatte: um sie dann in den Boden zu stampfen. Er deformiert das Buch, damit es leichter verhohnepiepelt werden kann. Ein *guter Verriss* (– und manche davon sind selbst Literatur geworden, sind unterdessen literarischer als die Bücher, auf welche sie zielten, vgl. Besprechungen aus der Feder von Voltaire, Lessing, Kraus) stellt das Buch möglichst sachgerecht und umfassend dem Leser vor, misst den Autor an seinem eigenen Anspruch, bevor er das Werk mit einleuchtenden, evt. glänzenden, das heisst brillanten Argumenten auseinandernimmt. Aber auch solche Verrisse werden, wenn es um die Bücher unserer berühmten, unter Heimatschutz stehenden Autoren geht, als unanschtendig empfunden. Da taar me nöd. Hingegen darf man mündlich alles Wüste über die Kollegen *erzählen,* hinter ihrem Rücken gifteln und schnöden – und dann eine nette, wenn auch etwas laue, Besprechung *schreiben.* Über »Blaubart« von Max Frisch habe ich weitherum die verheerendsten Urteile *gehört* und nachher die nettesten Besprechungen *gelesen,* beides von denselben Leuten produziert. Ähnlich war es bei »Noch ein Wunsch« von Adolf Muschg, da hatte nur Urs Herzog (im »konzept«) sehr brillant den Konsens gestört, worauf ihm nicht wenige Germanistenkollegen mit Naserümpfen begegneten und mit vornehmer Abscheu.

Dieses unser Land ist klein, so klein. Der Besprecher trifft den scharf Besprochenen spätestens eine Woche nach der Besprechung wieder. Man verkehrt in denselben Kreisen, Radio-TV-Zeitungen, ist in der gleichen Zunft gewerkschaftlich organisiert (Gruppe Olten), – kann man jetzt noch ein Bier miteinander trinken, ohne einen Teil davon sich an den Kopf zu schütten? Geht man mit *abgewandten* oder *gesenkten* Augen aneinander vorbei? Was schreibt der literarische Verhaltenskodex in solchen Fällen vor? Sagt man »Sali« oder »Souhung« oder gar nichts? Die Gruppe Olten hat für solche Fälle noch keine allgemein verbindlichen Regeln ausgearbeitet. Sich streicheln oder um den Hals fallen (ohne den Besprecher dort zu würgen!) kann man auch nicht, dann wäre die scharfe Besprechung nicht ernst gemeint gewesen vom Besprecher, und vom Besprochenen nicht ernst genommen worden.

Die Schriftsteller sind in einer Zunft organisiert und verhalten sich nach aussen manchmal solidarisch, und innerhalb dieser Zunft sind sie Konkurrenten und hassen sich oft sehr, genau wie andere Gewerbetreibende. Der Markt ist klein, die Zahl der Schreibenden nimmt in letzter Zeit gewaltig zu, von den Älteren sterben nur wenige, und die Leute, welche Bücher lesen, werden nicht zahlreicher. Da muss jeder hart um seinen Marktanteil kämpfen. Erst ein minimaler Marktanteil garantiert ihm literarisches Prestige und ein Häuchlein Ruhm, und keiner bleibt gerne zeitlebens ein Geheimtip. Bücher, die nicht besprochen und kaum verkauft werden, existieren nicht. Einen kenne ich, der prüft in den Buchhandlungen, ob seine Bücher wirksam plaziert sind, eine aufreibende Beschäftigung. Ein anderer geht bei Gelegenheit mit einem Rosensträusschen bei seinem Verleger vorbei, um ihn bei Laune zu halten. Ein dritter lädt periodisch Rezensenten zu Tisch und alle bedrängen den Frisch, er solle ihr neues Buch doch bitte bitte im »Spiegel« besprechen, aber einer drängt so stark, bis Frisch es dann wirklich tut, und einer wird sauer, weil Silvio Blatter von Böll und ein anderer wird grantig, weil Gerold Späth von Grass gesponsort wird, und einen kenne ich (mich), der hat schon eine Gegendarstellung geschrieben, als er eine böse Kritik bekam, und alle beobachten die Auflage ihrer Kollegen, »wieviel hast du verkauft« ist eine gefürchtete oder beliebte Frage, und warum, denkt A, wird B zu so vielen Lesungen eingeladen und er nicht, und warum hat dieses Huhn den Aufmunterungsförderungsunterdiearmegreifenpreis bekommen und er nichts und C darf im Radio lesen oder wird gar, denkt D, von Hermann Burger oder Wehrli P. K. am Fernsehen vorgestellt, aber D, der seine eigenen Werke besser findet als die von C, nicht? und warum darf E, denkt F, eine Kolumne schreiben, wo er doch gar nicht schreiben kann?

Suisside

die möndin äugt
vom kraterrand
verwundert
nach dem vaterland
das aus der erde
feuerbauch
sie ruhmreich grüßt
mit glut und rauch

Kurt Marti

Thomas Bernhard *Gedanken im Ohrensessel über einen Burgschauspieler und das Burgtheater*

Wie andere in den Park oder in den Wald, lief ich immer ins Kaffeehaus, um mich abzulenken und zu beruhigen, mein ganzes Leben. So hatten die Eheleute Auersberger wahrscheinlich schon die längste Zeit genauso mich beobachtet gehabt, bevor sie mich schließlich angesprochen haben, dachte ich auf dem Ohrensessel, wie ich damals auf dem Weg durch die Rotenturmstraße den Auersberger beobachtet hatte, mit der gleichen Rücksichtslosigkeit wahrscheinlich, mit der gleichen Infamie, mit der gleichen Unmenschlichkeit. Wir lernen viel, wenn wir Leute von hinten beobachten, die nicht wissen, daß wir sie beobachten und die wir, solange als möglich, von hinten beobachten und solange als möglich in dieser rücksichtslosen und infamen Beobachtung nicht ansprechen, dachte ich auf dem Ohrensessel, wenn wir uns noch dazu beherrschen können, sie überhaupt nicht anzusprechen, sondern die Fähigkeit haben, uns ganz einfach umzudrehen und von ihnen im wahrsten Sinne des Wortes abzugehen, wie ich damals am Ende der Rotenturmstraße und also auf dem Schwedenplatz die Fähigkeit und die Schläue gehabt habe, mich umzudrehen und von ihnen abzugehen. Diese Beobachtungsvorgangsweise ist genauso für Menschen anzuwenden, die wir lieben, wie für die, die wir hassen, dachte ich auf dem Ohrensessel sitzend, die Auersberger beobachtend, die fortwährend auf die Uhr schaute und die Gäste vertröstete, die mit dem Nachtmahl solange warten müssen, dachte ich, bis der Schauspieler aufgetreten ist. Tatsächlich habe ich den erwarteten Schauspieler einmal vor vielen Jahren auf dem Burgtheater in einer dieser ekelhaften englischen Gesellschaftspossen gesehen, in welchen die Dummheit nur dadurch erträglich ist, weil sie englisch und nicht deutsch oder österreichisch ist und die auf dem Burgtheater im letzten Vierteljahrhundert immer wieder mit entsetzlicher Regelmäßigkeit gespielt werden, weil sich das Burgtheater in diesem letzten Vierteljahrhundert vor allem auf die englische Dummheit spezialisiert und das Wiener Burgtheaterpublikum an diese Spezialisierung gewöhnt hat und er ist mir tatsächlich als Burgschauspieler in Erinnerung, als ein Schauspieler also, ein sogenannter Wiener Publikumsliebling und Burgtheatergeck, der in Grinzing oder in Hietzing eine Villa hat und auf dem Burgtheater jener österreichischen theatralischen Dummheit den Narren macht, die nun schon seit einem Vierteljahrhundert auf dem Burgtheater zuhause ist, als einer jener geistlosen Brüller, die aus der sogenannten *Burg* in diesem letzten Vierteljahrhundert unter Mitwirkung aller an ihr engagierten Direktoren eine theatralische Dichtervernichtungs- und Schreianstalt der absoluten Gehirnlosigkeit gemacht haben. Das Burgtheater ist künstlerisch schon solange bankrott, dachte ich auf dem Ohrensessel, daß gar nicht mehr ausgemacht werden kann, wann dieser künstlerische Bankrott eingetreten ist und die Schauspieler, die auf dem Burgtheater auftreten, sind die allabendlich auf dem Burgtheater auftretenden Bankrotteure. Aber einen solchen dramatischen Schreihals zu einem Nachtmahl einzuladen, zu einem sogenannten *künstlerischen Abendessen,* dachte ich auf dem Ohrensessel, die Auersberger und ihre Gäste beobachtend, ist für ein solches Ehepaar, wie die Auersberger in der Gentzgasse, immer noch eine österreichische Großartigkeit als ganz spezielle österreichische Perversität, wie ich auf dem Ohrensessel dachte, und wie groß tatsächlich diese Großartigkeit für die Auersbergerischen gewesen ist an diesem Abend, erfuhr ich dadurch, daß mit dem auersbergerischen Nachtmahl über eine geschlagene Stunde länger, als angekündigt, gewartet worden war, nämlich solange, bis der Schauspieler um halbein Uhr läutete und mit seinem schamlosen Burgtheatergehuste in die Gentzgassenwohnung der Auersberger eingetreten ist. Schauspieler habe ich insgeheim immer gehaßt und die Burgschauspieler haben immer meinen ganz besonderen Haß auf sich gezogen, abgesehen von diesen ganz großen, wie die Wessely und die Gold, die ich zeitlebens innig geliebt habe, und der an diesem Abend von den auersbergerischen Eheleuten in die Gentzgasse eingeladene Burgschauspieler ist sicher einer der widerwärtigsten, die mir jemals begegnet sind. Als gebürtiger Tiroler, der sich im Laufe dreier Jahrzehnte *mit Grillparzer in die Herzen der Wiener gespielt hat,* wie ich einmal über ihn gelesen habe, verkörpert er für mich ein Musterbeispiel von Antikünstler überhaupt, dachte ich auf dem Ohrensessel, ist er der Prototypus des durch und durch phantasielosen und also völlig geistlosen Poltermimen, wie er auf dem Burgtheater und also in Österreich überhaupt immer beliebt gewesen ist, einer dieser grauenvollen Pathetiker, wie sie auf dem Burgtheater allabendlich scharenweise über jede dort aufgeführte Dichtung mit ihrem pervers-provinziellen Händeringen und ihren brutalen Sprechkeulen herfallen und sie zertrümmern und vernichten. Alles wird von diesen Leuten auf dem Burgtheater seit Jahrzehnten mit ihrer mimischen Brachialgewalt vernichtet, dachte ich auf dem Ohrensessel, nicht nur der zarte Raimund, nicht nur der nervöse Kleist wird auf dem Burgtheater seit Jahrzehnten zertrümmert und vernichtet, selbst der große Shakespeare fällt da, wo man sich einbildet, die gesamte Theaterkunst in die Ewigkeit hinein gepachtet zu haben, den Burgtheaterschlächtern zum Opfer. Aber hier, in diesem Land, dachte ich auf dem Ohrensessel, ist tatsächlich der Burgschauspieler das Höchste und mit einem Burgschauspieler auch nur sozusagen über die Gasse bekannt sein oder einen solchen Burgschauspieler im Hause und zum Nachtmahl zu haben, empfindet der Österreicher, insbesondere aber der Wiener, als eine Außerordentlichkeit ohnegleichen, was ihn, den Österreicher und besonders den Wiener, wie ich auf dem Ohrensessel dachte, für mich auf abstoßende Weise immer lächerlich macht; sagt er, er sei mit einem Burgschauspieler bekannt, oder sagt er, es sei ein Burgschauspieler zu einem seiner Nachtmähler gekommen.

the postman always rings twice

seinen geist aufgeben
seinen scheiß-geist aufgeben
seinen scheiß-geist per post aufgeben
seinen scheiß-geist per scheiß-post aufgeben (geisterpost)
in deine scheiß-hände befehle ich meinen scheiß-geist
der scheiß-briefträger hat scheints geklingelt
der scheiß-briefträger klingelt immer scheints zweimal

Ernst Jandl

Alexander Kluge *Über die neuen Medien*

Wir erleben in diesen Tagen – ungegenständlich, weil zunächst gar nichts Sichtbares geschieht – die Gründerjahre der neuen Medien. Für ihren Aufbruch brauchen diese eine Art symbolischer Fahnenstange: den europäischen Satelliten ECS. Da sich die Gruppenbildung, die die Proportionen künftiger Öffentlichkeit festzulegen versucht, um das ECS-Konsortium vollzieht, wäre es richtiger, von Gründermonaten als von Gründerjahren zu sprechen. Eine Jahrhundertentscheidung findet im Sechs-Wochen-Rhythmus statt. An sich kennt die moderne Industrie Gründerjahre sonst nicht mehr, nicht in unseren Breiten. Gründerjahre führen ja recht direkt zur Gründerkrise: zu Ausscheidungskämpfen, Verdrängungswettbewerb, Überproduktion, Verstopfung der Abflüsse, Konkursen – eine enorme Aufopferung von Substanz, auf die integrierte Industrien es heute sicher nicht ankommen lassen würden. Hinsichtlich der neuen Medien zeigt sich diese atypische Entwicklung sozusagen »aus reinem Idealismus«. Gerade weil es Gegenstand und Netz des neuen Marktes noch gar nicht gibt (weder die Verkabelung der Köpfe, noch die Besonnung durch die Satelliten, noch *pay*-TV, noch Breitband, noch Werbebudget existieren *wirklich*), nimmt die Entwicklung die atavistische Form an: Kaum einer der Wettbewerber (außer dem Händler mit den Spielfilm-Konserven) billigt die Rasanz der Entwicklung; wie bei einem *gold rush* sieht sich aber jeder der Konzerne gezwungen, Claims abzustecken. Die äußere Form davon: Gründerjahre, absehbare Gründerkrise. Denn die Zeitbudgets der Menschen lassen sich zunächst so wenig vermehren wie der Grund und Boden in der Stadtmitte.

Alle intelligenten Menschen, mit denen ich gesprochen habe, antworten mir deshalb auch: glauben Sie doch nur nicht, daß so etwas stattfindet. Das sind Projekte, Verrücktheiten von Herrn Schwarz-Schilling, das wird sich einfädeln. Ich bin inzwischen überzeugt, daß meine besten Freunde, daß die gesamte öffentliche Meinung sich in dieser Hinsicht in grober Weise täuschen. Gewiß, der Wirklichkeitsgehalt des Projekts der neuen Medien ist angesichts der Stärke unseres öffentlich-rechtlichen Systems, des momentan geringen Zuschauerinteresses, besonders dürftig.

Keiner der Prätendenten auf die neue Medienmacht besitzt auch nur *ein* hinreichendes Programm.
In großem Maßstab geht es um das Projekt einer Industrialisierung des Bewußtseins. Das hat mit Unterhaltungsprogramm durch Fernsehsendungen allenfalls indirekt zu tun. Es umfaßt eine radikale Modernisierung des Industrieverkehrs: Breitbandverkabelung, Möglichkeit dezentraler Arbeitsplätze, Kommunikation der Warensammlungen untereinander.
Was solche Entwicklungen an Beschleunigungen auslösen, was davon auf etwas Unmögliches gerichtet ist (und deswegen entweder nicht oder als Zerstörungsprozeß stattfindet), was bei solcher Auflösung und Neuverschmelzung überhaupt als Bewußtsein auftritt, um jetzt industrialisiert zu werden, nichts davon weiß man genau. Nicht einmal was man in diesem Zusammenhang: Industrialisierung des Bewußtseins, *Bewußtseinsindustrie* nennt, bezeichnet etwas Präzises: Werden die *Bewegungsarten des Geistes* industrialisiert?, die Bewußtseins*inhalte*?, oder die *Leistungen des Bewußtseins*? oder nur *die Speicher*? oder der *Austausch*?, die *Balancen*?, oder die *Börsen und Werte*, die es auch für die Bewußtseinstätigkeit gibt?, oder wird nur das in den Warensammlungen, Maschinerien oder Computern eingebaute Bewußtsein »flüssig«? In jedem Fall hat dies alles mit Fernsehprogramm, einer Show von Frank Elstner, nichts zu tun. Es handelt sich um die Frage: wohin tendieren die zum Teil ungeheuren technologischen Potentiale der Digitalisierung, der Breitbandkabel *wirklich*? Die Frage sozusagen unabhängig von den Spinnereien der Projektmacher gestellt.

Davon völlig getrennt gibt es eine Fragestellung, die mit Technologie nichts zu tun hat. Ich würde sie auch nicht als psychologisch bezeichnen, weil in ihr sich ein *gesellschaftliches Verhältnis* spiegelt: das der zunehmenden subjektiven Aufspaltungen, die zusammengenommen einen spezifischen Passivismus produzieren: kollektive Unaufmerksamkeit.
Es geht um die künftige Gestalt unserer Öffentlichkeiten. Man kann nicht einmal mehr sagen: Öffentlichkeit, weil sie als etwas Ganzes immer mehr zu einer regulativen Idee wird, während sie als Wirklichkeit in Teilöffentlichkeiten zerfällt. Jede Minderheit baut sich ihr separates Lager. Die Additionen solcher Lager behaupten voneinander: sie seien öffentlich.
Ähnlich wie Wald, Bodenkruste, Luft stand lange Zeit die klas-

sische Öffentlichkeit wie etwas natürlich Gewachsenes zur Verfügung. Wie der Markt entstand sie scheinbar von selbst. Die Alliierten setzten sie im Umkreis der Kapitulation 1945 künstlich erneut in Gang durch Lizenzen. Eine solche Lizenz, einen Zeitungsverlag zu eröffnen, erhielten z. B. die *Frankfurter Rundschau,* die *Nürnberger Nachrichten* und Axel Springer. Die *Frankfurter Rundschau* ist dadurch nicht sehr reich geworden. Eine Verschiebung im Aufkommen der Werbeinserate von 15 Prozent kann sie vom Markt verdrängen. Die *Nürnberger Nachrichten,* weniger auf Vielfalt bedacht als die *Frankfurter Rundschau,* haben ein Imperium von Kopfblättern in Franken errichtet. Die betonte Einseitigkeit in den Strategien des Springer-Verlages schließlich hat aus einer Lizenz von 1946 einen Riesenkonzern entwickelt. Man kennt die Verblüffung der Studenten im Jahr 1968, als sie ihre Enteignung von Teilen der Öffentlichkeit bemerken. Dennoch ist am einzelnen Kiosk, an dem Zeitungen und Zeitschriften verkauft werden, die Macht des Konzerns bisher nicht absolut. Der Vertriebsweg bietet eine Vielzahl von Blättern an. Kleinere Zeitungen kaum. Sieht man näher zu, gehört das meiste zu untereinander verschwisterten Großunternehmen. Kein Monopol, aber ein Oligopol.

Die neuen Technologien der Verkabelung, des Satelliten, bringen hierzu eine Neuerung: erstmals werden die Vertriebswege (also »die Kioske«, »die Kanäle«) in einen Dritte ausschließenden Besitz gebracht. Dies umfaßt zwei verschiedene Vorgänge: erstens die Gruppenbildung, Bildung von Konsortien, *closed-shop*-Gruppen; zweitens die formale, institutionelle Fassade, durch die sich die Gruppen oder Konsortien die nötige öffentliche Autorität verschaffen. Gruppenbildung und Mediengesetz, dies sind die zwei Prozesse.

Man stelle sich einen Wahlkampf vor, in welchem die SPD auf Satelliten- und Kabelsysteme blickt, die zu 50 Prozent durch eine ungehemmte privatwirtschaftliche Meinungsbildung beschickt sind. Gesetzt den Fall, die Sozialdemokratie hätte, ihrem politischen Ideal entsprechend, die übrigen 50 Prozent der Sendemöglichkeiten dem öffentlich-rechtlichen System vorbehalten können, so wären diese öffentlich-rechtlichen Programme im günstigsten Fall neutral. Die Spielfilmkonserven aber, die beide Systemgruppen, also 100 Prozent der Kanäle, zusätzlich zu den Nachrichten abspielen, mobilisieren konservative Gefühlswelten, die für jede politische Partei, die sich noch mit der Tatsachenwelt auseinanderzusetzen gedenkt, verheerend sind. Die einfache Addition der Medienwelten ergibt ein Verdrängungskunstwerk: Abbildung wirklicher Verhältnisse wird verdrängt.

Wenn die CDU/CSU ein Mediengesetz entwickelt, dann weiß sie jeweils, für wen sie das tut: für bestimmte Konzerne, Konsortien, eine Klientel. Die Unternehmensstufe eines solchen Projekts existiert schon. Man könnte es, wenn man die Ausnahmen im Auge behält, so zuspitzen: konservative Parteien hatten in der Geschichte eine Art Kompetenz für den Erwerb publizistischer Marktmacht, linke Regierungen haben versucht, gesetzgeberische Strategien dem entgegenzusetzen. Der eine hortet Gebote und Verbote, der andere verbreitet die Waren, die ins Bewußtsein dringen. Man prüfe Hugenberg-Konzern und Pressepolitik der Weimarer Regierungen. Die Waffen, mit denen gefochten wird, berühren einander nicht.

Die Verkürzung, die durch den Parteieneinfluß, das pluralistische Prinzip: gut ist, was meinen Nächsten ausschließt, den Medien aufgedrückt wird, zeigt sich im Wortlaut der Mediengesetze. Diese übernehmen das etablierte Rundfunkkauderwelsch. Die Vielstimmigkeit an geselligem Ausdruck, genannt Kommunikation, verkürzt sich zu der Dreiheit: Information, Unterhaltung, Bildung. Also: Nachricht, Show, Schule, oder: Lehrfilm, Feature-Film, Meldung.

Man vergleiche damit den Reichtum klassischer Öffentlichkeiten: das, was an Florenz entzückte, was die Musik ausmacht, das Theater, den klassischen Film, die Zeitungen, die Erzählkunst der Bücher, die Wissenschaft, die ja nicht allein aus Populär-Sendungen über Sterne und Tiere besteht. Dieser Reichtum hatte *einen* Mangel: er war nicht durch jedermann zu erwerben, aber es wäre eine verbrecherische Verwüstungsaktion, die Nicht-Erreichbarkeit des reichen Ausdrucksvermögens für jeden aufrechtzuerhalten und zugleich die in den klassischen Öffentlichkeiten versteckte Utopie zu beseitigen, daß es für den einen oder anderen *und möglicherweise auch für alle, entgegen aller Wahrscheinlichkeit,* erlangbar sei, etwas zu wissen, allseitig zu empfinden usf. Wer die klassischen Öffentlichkeiten zerstört, ist ein Geschichtsverbrecher.

Erich Fried *Steinezüchten*

Steinezüchten ist Knochenarbeit. Natürlich:
nichts kann rührender sein als ein junger Stein
der dir überall nachrollt und jault nach dir wie ein Hund
oder eine Alraune. Zum Herzerweichen! Doch bis er soweit ist

Diese Pflege bei Tag und Nacht! Lieber drei kleine Kinder!
Was so ein Stein nur wiegt, wenn man ihn hochnehmen muß
und die Ausdauer, die er hat: wochenlang ununterbrochen
schreien, und wenn er sich schmutziggemacht hat, das kriegt man
ohne Schwefelsäure überhaupt nicht mehr weg

Und wenn sie größer sind, werden sie wild: Die ewige Sorge
daß sich die kristallinen nicht mit den amorphen paaren!
Denn was da herauskommt, ist absolut unverkäuflich
Nicht einmal geschenkt würde das einer nehmen

Und die Jungen vertilgen, was bei Katzen und Hunden leicht ist? –
Versuchen Sie selber einmal einen Stein zu vertilgen!
Dazu brauchte man Bomben. Aber die sind
für andere Zwecke da. Also hat man die Steine dann auf dem Hals

Steine, Steine, Steine! Man weiß sich gar nicht mehr zu retten
Und alle wollen sie fressen, und das kostet dreimal soviel
wie Katzenfutter. Und Katzen fangen sich doch noch
Vögel dazu oder Mäuse. Aber Steine fangen fast gar nichts

Nein, das ist kein Hobby, das man einem anraten könnte.
Wer das einmal gemacht hat, der läßt seine Finger davon.
Da sind junge Kriege allemal vorzuziehen:
Erstens viel anstelliger und pflegeleichter

Und zweitens gibt es da diese Begünstigungen
Steuerabschreibungen und meistens auch Bauzuschüsse
Und Beheizung kann man sich sparen. Die Kriege haben
nach drei, vier Wochen schon Eigenwärme genug
Bei Steinen könnte man auf so etwas lange warten!

Nein, nur keine Steine mehr! So ein junger Krieg hat auch schon
von sich aus einen viel besseren Draht zu den Menschen.
Der kümmert sich auch um dich, wenn du alt bist. Wirklich:
Nur nichts mit Steinen anfangen! Das lohnt sich nicht

Helen Meier *Mangler*

Mit dem Flugzeug abstürzen ist nicht leicht, mit dem Auto verunfallen auch nicht, Beeren in der Hitze pflücken ist nicht leicht, arbeiten hinter Fenstern auch nicht, nichts ist leicht, ich wundere mich, wie Leute Bier trinken können, Ausflüge machen, Eiscreme kaufen ohne das Wissen, daß es nicht leicht ist. Ich, ein Mangler in der Glätterei der Anstalt, weiß es, sehen Sie, schon finden Sie Leichtes schwerverständlich, was sind Sie, fragen Sie mich, ich bin Mangler, ich stehe an der Maschine genannt Mangel und lasse die Bettücher durchrollen, dampfende, schwere, klebrige, am Montag kommen sie aus Haus D, dienstags A, Mittwoch C, dann D, dann U, sehen Sie, da gibt es schon wieder Schwerverständliches, ein Alphabet kann schon Verwirrung stiften, warum beginnt man montags nicht mit A, das verbietet die Wirtschaftsstruktur, glättefreier, waschfreier Sonntag, und im Haus D sind die, die ihr Ausscheidungssystem nicht kontrollieren, warum es ein Haus U statt E gibt, hat mir niemand zu erklären gewußt, es muß mit der Form des Gebäudes zusammenhängen, dessen beide Enden sich nie treffen. Im einen Flügel geben sie den Leuten Ton zum Modellieren, Malen, Brennen, es wird große Sorgfalt auf gute Ausführung gelegt, Therapeuten helfen, beraten, im anderen Flügel geben sie den Leuten Krüge zum Zerschmettern, es gibt Säle, in denen nur Geschirr zerschlagen wird, manchmal höre ich das Geklirr und Gejohle bis in die Glätterei, ein Problem entsteht nur, wenn alle zur selben Zeit in Schmetterphase kommen, Nachschub beginnt zu mangeln, sie schmettern dann einfach das Schon-Zerschmetterte, hat mir der Wärter verraten. Sonst rede ich nicht mit Wärtern, ich bin lieber Mangler und weiß, daß nichts leicht ist. Wenn etwas leicht wäre, wäre ich nicht in die Anstalt gekommen, im Wald spazierengehen ist eben nicht leicht. Der Friedhof neben der Anstalt wurde abgeräumt, jetzt sieht es wie ein Spielplatz aus, bei der Kirche wird die Mauer gemacht, im Herbst ist Firmtag, und ich freue mich, daß die Altarbuben neue Gewänder bekommen. Ich habe oft Heimweh nach meiner Jugend, ich bin Altardiener gewesen. Das Mädchen im Wald hatte schöne Haare, schöne heißt mehr als dichte, roßgerade, blonde mit grauen Zwischentönen, und sehen Sie, das Mädchen war leicht, leichter als alles, was ich je gesehen habe, leicht, klein, blond, selbst das Fleisch seiner Oberschenkel war leicht, durchscheinend, zierliche Väschen für Lilien, die kleine sanfte Rundung mit dem Spältchen war so schön, unbehaart, keusch, ein Pfirsich, weich, samten, leicht Druckstellen bekommend. Sehen Sie, auch das ist nicht leicht zu verstehen, warum sie keine Altarmädchen nehmen, sie sind das Leichteste, auch würden ihnen neue Gewänder besser stehen. Sehen Sie, die Mangel läuft eigentlich von selbst, so hätte ich zu viel freie Zeit, der Wärter aus Haus U hat mir Altarknabenkleider gebracht. Das ist nicht leicht, alle die Rüschen und Falten, keine Dummheiten, sagt der Wärter, ich würde sie lieber für Altarmädchen glätten, das wäre leichter, kleine Mädchen haben überhaupt nichts Schweres. Doch ich bin ein Mangler in der Anstalt und verstehe, daß nichts leicht ist.

Parsifal reitet

Büromädchen kämmen sich,
Huren erhängen sich, Parsifal
reitet durchs Teppichhotel,
Türhüter winseln im Dollargebell,
die ewige Wunde, der Stich in
das Fleisch, Hände hoch und an
die Wand, die Deutsche Bank wird
niemals krank, sie lächeln, sie
pfeifen, sie brüllen, sie lahmen,
wer zahlt die Kredite, einen
Schnaps für die Damen, Parsifal
blutet, die ewige Wunde, Götter
aus Leder und Chirurgen aus
Linz, die Bauspekulanten, die
Geldfabrikanten, die neuen Wilden
und alten Tanten: hier üben sie
den freien Fall, im Neonstaub
stirbt Parsifal.

Hans-Ulrich Treichel

Hartmut Lange *Die Heiterkeit des Todes*

Wenn der Grunewaldsee zugefroren ist, das Wetter wechselt und ein warmer Regen auf die Eisfläche niederfällt, wenn aus dieser Berührung Nebel entsteht, dicht und träge liegt er da, als hätte er keine Kraft aufzufliegen, wenn dem Himmel der Mond fehlt und die Wege zwischen dem Erlengestrüpp vor Glätte und überflutender Nässe unpassierbar geworden sind, wenn dämmrige Nacht herrscht und niemand ist unterwegs, dann kann es vorkommen, daß eine tote Jüdin an das Ufer tritt und auf eine Wunde in ihrem Nacken zeigt. Unbeweglich mit ihrer Geste des Bedauerns steht sie da und sieht immer nur zur anderen Seite des Wassers, dorthin, wo eine sandige, baumlose Fläche steil ansteigt, wo Abfallkörbe, Bänke, Tische einen Badestrand andeuten und wo ihr Mörder wartet. Unübersehbar, wie beziehungslos zur Szenerie, die ihn umgibt, hebt er die Hand, als wollte er sie grüßen.
Die Wälder, die den See umsäumen, wirken ärmlich und ausgezehrt von der allzu engen Nähe der Stadt. Ein Flugzeug zieht dröhnend, mit aufgeblendeten Scheinwerfern jenem Platz zu, wo es zur Ruhe kommt, ein Käuzchen schreit auf, als wollte es die Stille nutzen, und nun bewegen sich die Liebenden aufeinander zu. Er zögernd, sie aber, indem sie bemerkt, daß er das Eis nicht betreten will, kommt ihm die Strecke über den See hin entgegen, bis zu jener Grenze, an der ein Schilfgürtel, kaum kniehoch, das Wasser vom Ufer trennt und wo er sie erwartet.
Mit dem geringsten Aufwand an Bewegung, wie eingegossen in seine schwarze Uniform, die Augen unter der Schirmmütze versteckt, beugt er sich ihr entgegen und reicht ihr, damit sie im Schilf nicht strauchelt, die Hand. Sie läßt sich willig führen, überwindet, wobei sie ihr Kleid mit der linken Hand zusammenrafft, einen Baumstamm, der faulend im Wasser liegt, und für einen Augenblick scheint sie mit dem Absatz ihres Schuhs irgendwo zwischen dem tauenden Eis und dem Holz hängenzubleiben. Aber sie fällt nicht, und als er sie umarmt, geschieht dies so heftig, daß ihre Füße den Boden verlieren.
Bevor sie sich aus ihrem Kuß wieder lösen, sieht er die Blässe ihrer Arme und daß ihr baumwollenes, ärmelloses Kleid sie vor der Kälte nicht schützen kann. Er knöpft seine Jacke auf, zwängt sich aus dem engen Futter und legt sie ihr über die fröstelnden

Schultern, aber so, daß der Kragen die Wunde, die sie im Nacken hat, nicht berührt.
Sie bemerkt seine Behutsamkeit, nimmt die Jacke dankbar an, hakt sich mit dem kleinen Finger ihrer linken Hand in seinen Gürtel ein, er umfaßt ihre Taille, und so betreten sie, den Mund, die Augen in nie ermüdender Aufmerksamkeit einander zugewandt, jenen Weg, der um den See führt und der den Lebenden vorbehalten ist.
»Aber wie denn!« rufe ich, außerstande, mein Befremden länger zu unterdrücken. »Wie ist es möglich, daß ein Mörder mit seinem Opfer Arm in Arm spazierengeht? Sieht man nicht die Wunde, die jener ihr beigebracht hat!«
Aber was ich auch rufe, es hört mich niemand. Nur er wendet, als müßte er sich einer Täuschung vergewissern, seinen Kopf zur Seite, blickt aber nicht zurück, und so bleibe ich unbemerkt und sehe, wie scharfkantig sein Profil ist und daß Nase und Kinn eine allzu deutliche Tendenz haben, einander zu widersprechen. Doch schon entzieht er mir diesen Eindruck wieder, indem er sich ihrem Ohr zuneigt und offenbar etwas zu sagen hat, das sie erheitert. Sie lacht auf, und ihre Blicke folgen den Bewegungen seiner linken Hand, mit der er kleine Kreise in die Luft malt.
Ich sehe, daß sie Sommerschuhe trägt, kleine Sandalen mit schmalen Riemen, die an den weißen Strümpfen, die sie übergestreift hat, Halt suchen. Langsam schlendern sie dahin, aber es gelingt mir nicht, ihnen zu folgen, weil das nasse Eis, auf dem ich mich fortbewege, meinen Füßen keinen Halt geben will. Als ich sie aus den Augen verliere, fällt mir ein, daß ich ebensogut, statt mich auf diesem holprigen, schwer passierbaren Boden abzumühen, den See betreten könnte, auf dem ich besser vorankomme. Und wirklich: Ich kann die Strecke, die sie mir voraushaben, abkürzen, hole sie ein, und als ich das Ufer, dort, wo der See den Weg fast berührt, wieder betreten will, sehe ich, daß sie stehengeblieben sind und mich beobachten, verwundert darüber, daß ich mir die Mühe mache, ihnen zu folgen.
»Sehen Sie nicht«, sage ich und widerstehe der Versuchung, mit ausgestrecktem Finger auf den Davidstern, den sie an ihrem Kleid trägt, zu zeigen, »sehen Sie nicht, wie unmöglich es ist, mit jenem dort, der Sie getötet hat, Vertraulichkeiten auszutauschen!«
Sie lächelt nachsichtig, will mir nicht antworten, und ich sehe, daß sie näher an ihren Begleiter heranrückt und die Waffe, die er im Gürtel trägt, mit ihrem kleinen Finger fast berührt.

Er aber scheint irritiert zu sein, sieht mich aus mißtrauischen Augen an. Sie flüstert ihm etwas zu, hastig und mit besorgtem Ausdruck: »Auch der Mörder wird erlöst«, und: »Die Schuldigen sind die Schwachen«, höre ich noch, dann lächelt auch er, spürt den Druck ihrer Hand und wie sie ihm bedeutet, meine Anwesenheit durchaus nicht ernst zu nehmen.

›Sie ist zierlich‹, denke ich, ›sie reicht ihm kaum bis zur Schulter‹, und ich wundere mich über die Art, wie sie ihr Haar, ohne daß man die Kämme sieht, aufgesteckt hat, und die Schultern hält sie etwas zu nachlässig. Ich stelle mir vor, daß es eine Sommernacht gewesen sein muß, als sie erschossen wurde, vielleicht weil sie, außer sich vor Erregung, vom Wagen sprang und das schützende Dunkel der Wälder nicht erreichen konnte. ›Und hier, ganz in der Nähe der Straße, der sie entfliehen wollte‹, denke ich, ›müßte sie begraben sein.‹ Wie es dazu kam? Unwichtig. Der Tod einer Jüdin war billig zu haben.

›Aber er‹, denke ich, ›wie kam er dazu, daß sie ihm verzieh! Und wie konnte er, der das Zeichen des Todes an seiner Mütze allein mit der höhnischen Absicht trug, ihr, der Jüdin, zu zeigen, was sie zu erwarten hatte, wie kam er, der bis zum Totschlag Übermütige, dazu, sie zu umarmen!‹

Sie bemerken meine Unruhe, wenden mir den Rücken zu, und ich bin außerstande, ihnen zu folgen und gehe, nachdem das Paar sich entfernt hat, auf den See hinaus.

Es regnet. Ich spüre die Nässe, die meine Schuhe durchdringt, und ein Gefühl der Unruhe darüber, ob mich das Eis, das zu tauen beginnt, noch tragen kann, zwingt mich weiterzugehen. Drüben, auf der anderen Seite, wo das Jagdschloß steht, brennt eine Lampe, aber so schwach, daß sie sich gegen den Nebel, der einen milchigen Schein verbreitet, nicht zur Geltung bringen kann. Ich trete auf die Wiese, die das Schloß nach Westen hin eingrenzt, berühre den Zaun, der mich von der Straße und dem Torbogen trennt, und nun sehe ich die Liebenden wieder, wie sie einander halten und wie die Lampe über ihren Köpfen hin und her schwankt, als würde sie vom Wind bewegt.

›Was für eine Selbstvergessenheit‹, denke ich, und: ›Wie sie sich an seinen Hals festklammert, als wollte sie ihre Jugend, um die man sie gebracht hat, im Tode nachholen.‹

Am Boden liegt die Jacke, die ihr von den Schultern gerutscht ist, aber beide lassen sie unbeachtet, immer nur damit beschäftigt, einander nahe zu sein. Und als ich mich abwenden will, um sie allein zu lassen, weil ich mich hinter dem Zaun, der uns trennt, ungebeten fühle, haben sie mich entdeckt. Sie schreckt auf vor Empörung, daß ich es wieder wage, an ihrer Zuneigung Anstoß zu nehmen.

»Er soll uns in Ruhe lassen!« ruft sie und wirft die Hände über den Kopf, wobei sie ihre Finger spreizt, eine Gebärde der Verachtung. Und um mich nicht ansehen zu müssen, wendet sie sich ab und tritt ins Dunkel. Er hebt die Jacke auf, will ihr folgen, zögert.

»Mein Herr«, sagt er und nähert sich dem Zaun, hinter dem ich stehe, »mein Herr«, sagt er, setzt die Mütze ab und schiebt sie unter die Achsel, bemüht, seinem Äußeren, obwohl er die Jacke in Händen hält, doch noch Haltung zu geben, »ich verstehe«, sagt er, »daß Sie meine Liebe zu der Frau, die ich ermordet habe, nicht billigen wollen. Aber ich habe gebüßt. Und wann, mein Herr, wenn nicht im Tod, soll die Schuld, die wir am Leben haben, endlich einmal beglichen sein?«

Er wendet seinen Kopf zur Seite, und ich sehe, daß er ein Wundmal an seinem Hals hat und daß er gerichtet ist. Hinter seinem Rücken, am Torbogen, neben einer Eibe, wohin das Licht der Lampe nicht mehr gelangen kann, steht die Jüdin. Sie sieht zu uns herüber und mißbilligt seinen Versuch, sich zu rechtfertigen, und daß er sich genötigt fühlt, mir, dem Lebenden, seine Wunde zu zeigen.

»Man soll die Toten in Ruhe lassen«, ruft sie, »besonders, wo sie euch überlegen sind!« Und: »Da uns das Leben unglücklich macht, geschehen im Tod die Zeichen und Wunder!«

Dies ruft sie, und er lächelt. Ihm gefällt die Entrüstung, mit der sie ihre Worte setzt. Und daß sie von seiner Schuld nichts wissen will und daß sie jene, die ihn gerichtet haben und es nun bei dieser Buße immer noch nicht belassen wollen, daß sie die Selbstgerechten, die sich auf ihren Namen berufen, so sehr verachtet, dafür ist er ihr dankbar.

»Sehen Sie, mein Herr«, sagt er, »was für eine außergewöhnliche Frau! Sehen Sie«, sagt er, »hätte ich sie nicht getötet, ich hätte sie nie kennengelernt, und sie ist die einzige, die mir verzeiht.«

Ich erröte über dieses Geständnis, und er, als würde er spüren, daß er die Grenze des Zuträglichen erreicht hat, weiß nun nichts weiter zu sagen. Er verbeugt sich gegen mich, als wollte er sich entschuldigen, setzt seine Mütze wieder auf, berührt mit dem Finger, wie um mich zu grüßen, den schwarzen Schirm – und verschwindet.

Wohin ich auch blicke, ich sehe ihn nirgends. Und auch die Jüdin steht, als ich den Zaun überwinde, nicht mehr neben der Eibe. Nur einmal noch kommt es mir vor, als würden beide auf einem Graben, der in den See führt, einander umkreisen und dabei die Arme bewegen, als wollten sie Schlittschuh laufen. Aber ich täusche mich, da ist niemand. ›Es war eine Erscheinung‹, denke ich und bin erleichtert. Denn wäre, was ich gesehen und gehört habe, wahr, dann gäbe es die Heiterkeit des Todes, und ich wünschte, keine Minute länger zu leben.

Für Peter-Jürgen Boock

Drei Leben
wo soll einer die hernehmen
wenn er nur eins hat
das erfordert
zwei Auferstehungen
oder zwei Wiedergeburten
kann ein Gericht die verordnen?
garantieren?
dreimal lebenslänglich
wo doch
real existierende Mörder
nur einmal lebenslänglich
ihre Pension beziehen

Heinrich Böll

Michael Schneider
Die Intellektuellen und der Katastrophismus

Ein Gespenst geht um in Europa: das Gespenst der Apokalypse. Obschon ein klassisches Nachtgespenst, geht es längst auch in unseren Tagträumen und Tagesgesprächen um. In immer neuen Formen und Verkleidungen auftretend – als religiöse Prophetie, als wissenschaftliche Prognose, als chiliastischer Weckruf, als künstlerische Vision, als Trivialmythos oder als schlichter Aberglaube – scheint es seinen prominenten Vorgänger und Rivalen, das Gespenst des Kommunismus, nahezu vollständig verdrängt zu haben.

Beispiellos ist die Karriere dieses Gespenstes: Binnen weniger Jahre hat es sich vom Souterrain bis in die oberen Etagen der Gesellschaft hochgearbeitet und von all ihren privaten und öffentlichen Lebensäußerungen Besitz ergriffen. Wo man auch hinsieht oder hinhorcht, das Gespenst der Apokalypse ist schier omnipräsent: In den militärischen Planungsstäben wie in der Friedensbewegung, in den Parteizentralen wie am Stammtisch, im Bundeskanzleramt wie im Alternativ-Shop der »szene«, im »Club of Rome« wie im »Club Voltaire«, im Feuilleton der »ZEIT« wie in der »Bild«-Zeitung, im Bundesprogramm der »Grünen« wie im neuesten Wissenschaftsbericht »Global 2000«, in Udo Lindenbergs Rockkonzerten wie in Dieter Hildebrandts »Scheibenwischer«, in Heiner Müllers dramatischen Endspielen wie in Ruth Berghaus' Neuinszenierungen an der Frankfurter Oper, in Christa Wolfs »Kassandra« wie in Günter Kunerts Endzeit-Gedichten. Wie nie zuvor blühen die adventistischen und apokalyptischen Stimmungen, die schwarzen Utopien und die schwarze Romantik, die Philosopheme der Hoffnungslosigkeit und die Rhetorik der Vergeblichkeit, in deren Gefolge eine Art Sonnenfinsternis des kollektiven Bewußtseins eingetreten ist.

Zwar pflegen sich die Untergangs-Visionen heute primär an der Atombedrohung und den immer neuen Umwelt- und Gift-Skandalen festzumachen; doch signalisieren sie eine viel umfassendere Krise: die Krise zweier auf Wachstum und Weiterrüstung programmierter Industriezivilisationen samt ihren politischen Organisationsformen und dem dazugehörigen »Werte«-Überbau; die Krise zweier Gesellschaftssysteme, die sich zwar ideologisch bis aufs Messer bekriegen, sich jedoch darin ähnlich sind, daß sie vor ihren historisch überfälligen Strukturveränderungen immer geflüchtet sind, alle sozialen und politischen Veränderungen versäumt oder unterdrückt haben, die notwendig gewesen wären, um ihren Mitgliedern ein Leben in Freiheit und Gleichheit, in Friede und Sicherheit zu gewährleisten – und die nun, angesichts ihrer geschichtlichen Unterlassungssünden, eine latente Bereitschaft zur Selbstvernichtung entwickeln, sich Veränderung nur noch als Untergang vorstellen können.

Die in beiden Zivilisationen unerfüllt gebliebene Sehnsucht nach Freiheit, Gleichheit und Brüderlichkeit verschafft sich nun Ausdruck ex negativo: als Wunsch nach Befreiung von der Zivilisation schlechthin, nach einem »gleichen« und »gerechten« Schicksal für alle: im Untergang. Die Vision des Weltuntergangs stellt sich westlicherseits als umgeschlagene christliche Eschatologie, östlicherseits als umgeschlagener kommunistischer Erlösungstraum dar. Und so erkennen wir im Gespenst der Apokalypse den schwarzen Zwillingsbruder, den düsteren Doppelgänger jenes anderen Gespenstes wieder, das immer noch, weil nie erlöst, als Wunschtraum in Europa umgeht.

So bedrohlich zeitnah – angesichts der ungeheuren Destruktionskräfte, die unsere industrielle Zivilisation erzeugt hat – die apokalyptische Vision auch ist, so verheerend wirkt sie sich auf das politische Bewußtsein der Zeitgenossen aus. Das apokalyptische Denken, das ja in Wirklichkeit ein parareligiöses ist, hat jene Eigenschaft, die Marx einst dem Gelde zuschrieb: Es stiftet scheinbare Gleichheit zwischen an sich Ungleichem, ebnet mithin alle Unterschiede und Besonderheiten ein. In dem universellen Bedrohungsszenarium, das es entwirft, sind die Feinde und Feindbilder im Prinzip austauschbar. Die apokalyptische Münze verwandelt alles einander an, verkuppelt die unvereinbarsten Gegensätze, stiftet überall falsche und trügerische Gleichheitszeichen.

Das apokalyptische Wehgeschrei hat aber nicht nur das politische Unterscheidungs- und Denkvermögen nachhaltig beeinträchtigt; es hat auch den längst tot geglaubten Eurozentrismus und Chauvinismus wieder zum Leben erweckt, und zwar in negativer, weniger angreifbarer Form als früher: als Eurozentrismus der Untergangsangst, als Chauvinismus der grandiosen Opferrolle, auf die gerade wir Deutsche uns um so lieber kaprizieren, als sie uns unsere historische Täter- und Angreiferrolle gegenüber der Sowjetunion vergessen läßt. Wenn wir auch nicht mehr die Größten sind, zu denen die Welt aufzublicken hat, so sind wir doch die Bedrohtesten – und wieder soll alle Welt auf uns starren.

So viele stichhaltige und objektive Gründe unsere Intellektuellen für ihre Enttäuschungen, für ihren Rückzug von allen früheren Positionen der Aufklärung und vom »Prinzip Hoffnung« auch anzuführen wissen – die Atombedrohung, die ökologischen Katastrophen, die Rückschläge der diversen »realen Sozialismen«: Die subjektiven Motivationen dieses Rückzugs werden fast immer unterschlagen. Mir scheint, dies ist kein Zufall. Der ständige Verweis auf die miserable und katastrophale Weltlage hat nämlich auch die Funktion, ein eigenes Versagen, ein spezifisches Unvermögen gerade der deutschen Aufklärer zu rationalisieren. Ich spreche hier von jenem Geist »unfröhlicher Wissenschaft«, der sich in Deutschland immer mit der Aufklärung verbunden hat und daher fast zwangsweise in seine schlechte Negation umschlägt.

So alt wie die deutsche Aufklärung ist auch die Klage über ihr unfröhliches und philisterhaftes Wesen. Von Goethe bis Hölderlin, von den Romantikern bis Nietzsche, von Heine bis Brecht ertönt diese Klage durch zwei Jahrhunderte deutscher Geistesgeschichte. Nietzsches These, daß die Deutschen die Renaissance zu früh abgebrochen haben und infolgedessen keine organische Verbindung zwischen den Wissenschaften und den Künsten herstellen konnten, ist gewiß nicht aus der Luft gegriffen.

Wie die Geschichte lehrt, halten die Menschen das Gefühl der Sinnlosigkeit nicht lange aus und sind daher für neokonservative und reaktionäre Sinn-Substitute in besonderem Maße anfällig.

Die ständige Ohnmachtspredigt und der lähmende Angst-Kult, dem sich gerade unsere einflußreiche liberale Publizistik ergeben hat, kann auf längere Sicht sehr wohl seinen dialektischen Widerpart, einen neuen »Mythos der Tat«, mit heraufbeschwören; und der larmoyante Nihilismus, wie er derzeit aus vielen Abteilungen des Kulturbetriebes widerhallt, einem aktiven Nihilismus Platz machen.

Wenn die schlechte und pauschale Negation der tradierten Aufklärungs-, Vernunft- und Fortschrittsbegriffe die Intelligenz dieses Landes nicht einem hemmungslosen und politisch gefährlichen Irrationalismus und Nihilismus überantworten soll, dann muß sie auch den Mut und die Konsequenz haben, ihren eigenen Negativismus zu negieren, die Negation der Negation zu vollziehen, zu einer positiven Inhaltsbestimmung dessen zu gelangen, was Aufklärung, Vernunft und Fortschritt unter heutigen Bedingungen heißen kann.

Unter den Bedingungen einer Industriezivilisation, die ihrem zerstörerischen Selbstlauf folgt, ist die Prämisse eines qualitativ neuen Fortschritts- und Politik-Begriffs die »demokratische Ermächtigung der Politik«, wie der Grüne-Soziologe Norbert Kostede jüngst formuliert hat: »Wie die technologischen und vor allem kerntechnologischen Komponenten des modernen Industriesystems nicht seiner Eigendynamik ... überantwortet werden können, sondern das letzte Wort der Politik verlangen, so gilt auch für den Langzeitskandal ›Waldsterben durch sauren Regen‹, daß die dafür verantwortlichen Partikularinteressen der Großfeuerungs- und Kraftwerksbetreiber zu einer massiven Intervention der Politik herausfordern. Wie die Frage der Genmanipulation nicht dem ethischen Restbestand der modernen Naturwissenschaften zugemutet werden kann, so erst recht nicht das Spiel mit der Rüstungsspirale dem begrenzten Horizont von Abrüstungsexperten ... Eine Ermächtigung der Politik, wenn sie nicht als Neuauflage einer ›Selbstermächtigung‹ kommen soll, bedingt soziales Engagement.«

Damit sind auch und vor allem die Intellektuellen gefordert. Gefordert ist nicht bloß ein pazifistisches Engagement, um die fortschreitende Militarisierung und Reaganisierung der BRD zu verhindern, sondern – darüber hinaus – das Engagement für ein neues Modell des Wirtschaftens, der politischen und staatlichen Organisation unseres Lebens jenseits der vorgefundenen Systemalternative: Kapitalismus oder asiatischer Kommunismus.

Einlösung der sozialistischen Utopie oder Abfahrt in die Katastrophe, die eine Möglichkeit ist heute so real wie die andere.

Akademieherbst

eine Akademie besteht
aus Mitgliedern
die von Mitgliedern
gewählt worden sind
und die wiederum
Mitglieder wählen
mehr ist dazu nicht
zu sagen

HELMUT HEISSENBÜTTEL

Peter Maiwald *Judas-Versionen*

1

Ich geb zu: ich war's
Der Rest ist Legende. Die Silberlinge
warf ich in keinen Tempel, sondern
für einen überzahlten Acker
in die Hand eines Wucherers.
Der mir zugesagte Strick
war meinem Ochsen angemessener
und die Geschichte meines Verrats
gab ich zum Besten den Zeitungen.
Die druckten, was überkam: das Papier
vergötzt den Fluch der bösen Tat.

2

Verräter nennen sie mich weil
ich sah daß die Sache schief ging
(von wegen: halt die andre Wange hin).
Ihn zu reizen, zurückzuschlagen
verriet ich ihn, einzig
Petrus verstand meine Botschaft:
das abgeschlagne Ohr hörte
mehr als die unverletzten.
Die Silberlinge, die mir zu Last
gelegt wurden von der Geschichte
beschwerten meinen Strick, unwesentlich.

Ralf Thenior *Die Krähen*

Er war der Mann, der die Sprache der Krähen verstand. Hätte man ihn gefragt, wie es dazu gekommen war, er hätte es nicht zu sagen gewußt. Es hatte sich einfach so ergeben, auf einmal war es da gewesen.

Er hatte sie immer gern beobachtet auf seinen Spaziergängen, wenn er, sommers wie winters den gleichen Weg nehmend, an ihrer Kolonie vorbeikam. Oft hatte er lange reglos gestanden und zugesehen, wie sie in großen Scharen Schauflüge über den Feldern veranstalteten.

An manchen Tagen, wenn er am späten Morgen aufstand, hörte er ihr Palaver über seinem Garten, sah sie gerade noch mit der letzten Schauflugfigur davonziehen, um sie dann den ganzen Tag nicht mehr zu Gesicht zu bekommen, geschweige denn, sie zu hören. Oder, wenn er tagsüber von seiner Arbeit aufsah und vor die Tür trat, konnte es geschehen, daß das kurze tschack einer einzigen Krähe, die um den Turm flog, ihn dazu verlockte, seine Gummistiefel anzuziehen und loszugehen, um in die Nähe ihrer Kolonie zu gelangen. Er liebte die von niedrig hängenden, grauen Wolken gedämpften Nachmittage in regenfeuchter, den Frühling ankündigender Luft und diese Lichtwechsel bei aufgelockerter Bewölkung, wenn ein unerwarteter Sonnenschein das trübe Feld zum Leuchten brachte. Er war sich nie sicher, ob die Veränderung des Lichts unmerklich eingetreten war und er sie nur aus seiner Abwesenheit auftauchend als eine plötzliche erfuhr oder ob es einen Ruck in den Lichtverhältnissen gegeben hatte, wie er ihn im Leibe spürte, wenn sein Blick auf das glänzende Stoppelfeld fiel.

An einem kalten, sonnigen Januartag sah er wie der Hund verrückt vor Freude durch die dünnen Eisdecken der Pfützen sprang und dachte, allerhand Vögel draußen, trotz der Kälte, als er sich mitten in ihrem Gezwitscher und Getriller fand, in dem das heisere Krächzen der Krähen auf einmal deutlicher zu werden schien.

Das war das Vorspiel gewesen.

Seitdem hatte er gehofft, wieder einmal auf einen solchen Tag zu treffen, doch seine Spaziergänge wurden nur durch seine gewöhnlichen Gedanken belebt und die Vögel zwitscherten wie immer.

Schon war sein Geburtsmonat, der Juni, wieder herangekommen. Auf seinem Gang durch die Kastanienallee hatte er den Imker getroffen, der, sein Fahrrad schiebend, von seinen Bienenstöcken zurückkam.
Wir müssen abbauen, alles radikal abbauen, das ist unsere einzige Chance, hatte der Imker schwermütig gesagt. Ja, hatte der Mann, der mit den Krähen sprechen konnte, entgegnet, manchmal fühlt man sich wie der letzte Wolf, immer in Angst vor der Menschwerdung in der Nacht. Sie trennten sich.
Er ging weiter.
Juni explodierte vor seinen Augen. Der Monat des Jahres, in dem er geboren war. Sommer mit aufsteigender Tendenz, dachte er. Sie würden jetzt bald ihre Nester bauen. Überall in der Luft lachte es. Ferne Gelächter, die ganz weit an ihm vorbeizogen, in der Luft nachglühende und nahe, schnelle, die er erst hörte, wenn sie schon vorbei waren. Meckernd. Manchmal. Er sah es. In einem unfertigen Halbsatz dachte er, die Geister des Ortes. Vergaß dann, lockten ihn, hinzuzufügen. Die Pflanzen pulsierten attraktiv vor sich hin. Faune. Oder irgendsoetwas. Er versuchte näher heranzukommen, spürte eine innere Lockerung, und dann nahm diese ungeheuere Geschichte, als deren Hauptfigur er sich empfand, überhand. Er vergaß sich. Kam zurück, holte sich ab. Begleitete sich eine Weile. Der äußere Rand war wie wegradiert.
Dann ein Schwindelgefühl, ein Ruck und die Schwerkraft riß ihn hinab. Er hörte den Aufprall, bevor es geschah. Er hatte alles vergessen, alles vergessen. Und war immer noch unterwegs.
Die frühspäte Sedenta sedilla portfolio strahlte ihn an. Er erkannte sie wieder. Warum hatte er sie nicht vorher gesehen? Auf seinem Weg. Wie jetzt. Denn sie blühte schon seit geraumer Zeit.
Er sah sich um.
Die amaryllis claustrophobia. Sprühampfer. Der segeltuchreiche Hederich hegelianus zuckte auf der Wiese herum. Die Wärme entband einen starken Duft, der in Schwaden herüberwehte. Die Luft elektrisch, wie Bienengesumm. Was war, wieso war, wo, wie spät mochte es sein? All dies schoß ihm durchs Hirn.
Ich brauche nichts, dachte er. Nichts für jetzt. Dann kam wieder dieses Leuchten auf. Ein meckerndes Gelächter fuhr ihm haarscharf am Ohr vorbei. Er versuchte, sich zusammenzureißen, wollte sich fassen. Ein schweißgebadeter, von nervösen Zuckungen getriebener Körper. Er ging seinen normalen Spaziergang. Auf dem Weg, den er immer ging.

Er sah die Steine auf der Erde in der Wärme. Meinte, dies aber auch schon vorher gesehen zu haben. Quellbewölkung. Das Schnarren der Vögel klang wie viele Rasseln, die unablässig bewegt wurden und zu einem anhaltenden Ton sich verdichteten, der sich vom Spielbaum ausgehend in die Umgebung ausbreitete. Dazwischen Kreischen, ein gelegentliches tschack, das Rauschen kurzer Aufflüge.

Wao, sagte die eine Krähe, wu, die andere, und waff, die dritte. Er versuchte, sich darauf zu beschränken eine Höflichkeitsfloskel zu krächzen. Es gelang ihm nicht. Sie ließen ihn durch. Oder was er dafür hielt. La siccurezza, dachte er. Lachte aber gleich über sich selbst. Wo bin ich, schoß noch. Aber dann. Er, mehr oder weniger er, ließ sich nichts anmerken. Er saß außen am Rand. Drei Saatkrähen kicherten über die Ungeduld, die sich nicht bezahlt macht. Waren es alles Saatkrähen?

Er saß auf einer Astgabel, die Beine in der Luft, den linken Arm gegen den Stamm gestützt. Eine Dohle blinzelte zu ihm herüber. Ein junges Weibchen. Und das da drüben, war das ein Rabe? Bilde dir nichts ein, sagte eine Stimme in seinem Kopf, es sind Saatkrähen, alles Saatkrähen. Die jungen mit schwarzem Kopfgefieder, die alten kahl um den Schnabel. Kein krah, ark, kein helles kjak, das kroah rauher und tiefer als bei den Rabenkrähen. Krächz.

Er saß in der Astgabel und dachte, hatte er sie vermenschlicht oder hatten sie ihn, er brauchte einige Zeit, um die Entsprechung zu finden, verkräht oder ein drittes?

Er saß da und hatte das Gefühl, daß er nicht störte.

Die vielen Geschichten der Alten hatten sie nun ermüdet und sie wandten sich wieder ihren Nachbarn zu, um selber zu schwatzen.

Wie war's? Damals? Ach.

Großartige Ereignisse. Alltägliche Dinge.

Ein Flug, ein Fressen, der Schlafplatz.

Aber es war nicht das. Sie hatten etwas vor.

Sie beäugten ihn scheinbar unbeobachtet.

Du hast uns im Schneegestöber fliegen sehen, schnarrte eine. Es war heiß. Er schwitzte. Als ob sie einen Entschluß feiern wollten. Mit einer Ruhepause. Und es flackerte wieder auf. Ich habe sie noch gesehen, sagte ein alter Rabe. Wie sie ihre Stirn an die Fensterscheibe drückte, wenn ihr die Zeile ausgegangen war. Ich komme in einem ihrer Gedichte vor. Die anderen lachten sich fast kaputt. Er schnupfte. Die Nase, er, er schnupfte sich die Nase frei.

Die Pollen waren ein ausgezeichneter Schnupftabak, der sofort ins Hirn schoß. Er nieste.
Ich bin eigentlich mehr und mehr geneigt, dachte er, ohne den Gedanken zuende zu führen. Die Krähen sprangen auf ihren Ästen auf und nieder und sagten, tschack und tschack, tschack. Krächz, dachte er.
Jetzt schnüffelte er wieder. Was schnüffelte er da oben auf der Astgabel zwischen all dem zerrauften Gefieder? Er ahnte, was es war und sog es mit Genuß ein, die Schwaden der berauschenden Duftströme, die kamen. Bist du bereit, fragte ein Kolkrabe. Einige von den jüngeren waren schon abgeflogen. Kreisten vor dem Spielbaum. Dann los, sagte sein Nachbar von links und stieß sich ab.
Er stieß sich ab. Sie flogen.
Wo kommst du her, fragte die neben ihm fliegende Krähe.
Von da unten, antwortete er.
Kreisend blickten sie hinunter.
Da sah er seinen Garten, sein Haus, und den Umkreis von oben. Er lachte, tschack. Du auch, sagte sein Nachbar von links. Sie lachten beide. Tschack, tschack.
Es war da. Es berührte ihn nicht. Sie kreisten darüber. Er verlor auch das. Flog durch die Luft, sah sie alle um sich herum fliegen, schwarze Vögel, die flogen, und er mit ihnen, über das Haferfeld, die Luft elektrisch wie Bienengesumm. Sechs richtig, sagte eine Krähe, Sinne versteht sich und du bist raus. Schrill lachte sie auf. Er hatte verstanden. Sie flogen über das Feld. Da war für ach und für je keine Zeit, er flog über die Felder und weit und hörte alles und ach und je blieben zurück, er flog mit ausgebreiteten Flügeln und sah und flog mit den Vögeln über die Felder. Schweiß auf seinem Stirngefieder. Es war heiß, als sie erstaunt zurückwichen. Zu viele Fliegen, lachte eine Krähe.
Es war die Kastanienallee, sein gewohnter Spazierweg, den er zurückkam, die Steine betrachtend, die aus der harten Erde des Weges ragten.

Otto Jägersberg *Dicke Luft*

Wie schön, ein Abteil für sich zu haben. Ich saß am Fenster, schaute ins Land und ließ meine Gedanken wandern.

Dann kam eine Frau und fragte, ob Platz sei. Bitte. Die Luft in den Abteilen ist nicht gut. Nicht weiter schlimm, wenn man allein ist. Sind andere Menschen mit im Abteil, meint man, die Ursache plötzlich zu kennen. Man sitzt nicht mehr entspannt, und die Gedanken sind auch nicht mehr so frei.

»Ich möchte mich gern ein wenig hinlegen«, sagte die Frau, »natürlich nur, wenn es Ihnen nichts ausmacht.«

Sie war eine unauffällige Frau, sorgsam gekleidet, sprach hochdeutsch; sanfte, angenehme Stimme.

»Sagen Sie nur, wenn es Sie stört«, sagte sie, »ich lege mich nur hin, wenn es Ihnen wirklich nichts ausmacht.«

Ich sagte, daß es mir nichts ausmachen würde. Sie unternahm aber nichts. Sie saß in der Ecke an der Gangseite und schien mich zu beobachten. Ich überlegte, ob ich ihr anbieten sollte, beim Ausziehen der Sitze behilflich zu sein.

»Ich möchte mir gern die Schuhe ausziehen, es liegt sich dann bequemer«, sagte sie. »Natürlich nur, wenn es Sie nicht stört.«

Ich versicherte, daß es mich nicht stören würde. Sie bedankte sich freundlich. Ich brauche nur ein Wort zu sagen, dann würde sie die Schuhe selbstverständlich sofort wieder anziehen.

»Ich würde es Ihnen keinen Moment verübeln«, sagte sie und begann die Sitze auseinanderzuziehen. Sie sei auch bereit, sich wieder korrekt hinzusetzen, wenn ich es nur wünschte.

Ich sah aus dem Fenster und hörte, wie sie die Schuhe auszog und sich hinlegte. Nach einer Weile wagte ich einen Blick. Sie lag ganz steif da, mit geschlossenen Augen. Eigentlich war sie ganz hübsch. Schon richtete sie sich wieder auf.

»Riechen Sie es auch?«

Ich roch nichts.

»Fußschweiß«, sagte sie. »Fußschweißgeruch, ganz eindeutig.« Sie drehte den Kopf und schnüffelte nach allen Seiten.

Ihre kleinen Füße steckten in makellosen Seidenstrümpfen, durch die violett die Fußnägel schimmerten.

»Nicht, daß Sie meinen, es käme von meinen Füßen«, sagte sie.

»Natürlich nicht«, sagte ich schnell.

»Es riecht nur so als ob«, sagte sie, »es kann nur am Leder liegen.«
Sie schien ein wenig aufgeregt. Ich röche absolut nichts, versuchte ich sie zu beruhigen.
Wenn ich es aber doch irgendwann riechen sollte, müsse ich es ihr sofort sagen. Ich versprach es.
Sie legte sich wieder hin und schloß die Augen. Ich konzentrierte mich auf die Wahrnehmungen meiner Nase. Normale Abteilluft 2. Klasse.
Unauffällig betrachtete ich sie aus den Augenwinkeln. Sie war schlank, hatte attraktive Beine, trug ein dezentes Kostüm, eine weiße Bluse, das Gesicht war rund und faltenlos, dunkle, glatte Haare. Sie seufzte. Ich blickte aus dem Fenster.
»Daß Leder so nach Fußschweiß riechen kann, hätten Sie das gedacht?«
Ihr schien an meiner Antwort zu liegen. Sie richtete sich auf und sah mich neugierig aus großen, dunklen Augen an.
»Nein, niemals«, sagte ich.
»Dann ziehe ich am besten meine Schuhe wieder an«, sagte sie.
»Aber, ich bitte Sie, ich rieche doch nichts!« Es war mir wichtig, sie zu überzeugen. Ich wollte nichts mehr über Fußschweiß hören, sie sollte sich nur wieder hinlegen und die Augen schließen. Vorher mußte ich ihr allerdings versprechen, sie augenblicklich zu verständigen, sobald ich den betreffenden Geruch wahrnehmen würde.
Ich hatte keine Freude mehr am Ausblick, ich rieb meine Nase, ich war nervös geworden, was war nur mit der Frau ... Jetzt lachte sie. Sie hatte sich wieder aufgerichtet und lachte, wobei sie mit der Hand schamhaft den Mund verdeckte.
»Eigentlich ist es ja egal«, sagte sie. »Wenn das Schuhleder nach Fußschweiß riecht, ist es ja egal, ob ich die Schuhe anhabe oder nicht.«
Ich versuchte zu lachen.
»Dann schlafe ich jetzt weiter, das heißt, wenn Sie nichts dagegen haben?«
»Nein, wirklich nicht.«
Sie legte sich wieder hin. Eine junge Frau, ein wenig zu gepflegt und elegant für solch ein Abteil. Was hatte sie nur mit dem Geruch? Sie schien nicht weiter schwachsinnig zu sein. Ich war wie ein Anwalt, der wider besseres Wissen seinen Mandanten verteidigt. Meine Mitreisende war nur ungewöhnlich höflich und emp-

findlich, geruchsempfindlich, sie hatte lediglich diesen Fußschweißtick. Ich fand beruhigende Erklärungen für ihr Verhalten, trotzdem wurde mir das Abteil enger, ich begann auf meine Atemzüge zu achten . . .

»Es ist mir peinlich, daß ich Sie schon wieder störe«, sagte sie, ohne sich aufzurichten, »aber ich würde mir gern den Rock aufhaken, wenn Sie nichts dagegen haben.«

Sie drehte den Kopf in meine Richtung, ein Auge war geschlossen, das andere verdeckte eine dichte Strähne ihrer dunklen Haare.

»Es liegt sich bequemer, wenn ich den Rock aufmache«, sagte sie. »Natürlich nur, wenn Sie einverstanden sind?«

Ich war mir nicht sicher, ob sie mich gehen lassen würde, wenn ich behauptete, gleich aussteigen zu müssen.

»Sie haben doch nichts dagegen«, fragte sie, gerade als ich die Hand nach meiner Aktentasche ausstreckte. Es kam mir vor, daß sie diesmal lauter gesprochen hatte. Meine Zunge war so trocken, ich schluckte, als sei zum Atmen schon zu wenig Luft. Sie würde mir nicht glauben, wenn ich behauptete, aussteigen zu müssen. Ich zog meine Hand von der Tasche zurück, ich war sicher, daß ihr Auge hinter der Haarsträhne geöffnet war und mich beobachtete.

»Nein«, sagte ich, »natürlich nicht.«

Deutsche Reichsbahn

Kurbeln wie irre dann
Kriegt man den Kopf aus dem Fenster
Schief. Das Blech
Drückt den Nacken wie heißt
Diese Station? Den gestreckten hinaus-
Gerekten vorsichtig
Ziehe ich wieder ein.

FRIEDRICH DIECKMANN

Sabine Techel *Mobilmachung*

Väterchen kleiner Krieger
Väterchen kleiner Krieg
alles erst üben

Ein schnelles Leben ohne Ernst
geübt wir nehmen das Spielzeug in
beide Hände wir lassen es
segnen Mut und Barmherzigkeit

verfolgen mich/ ein Leben lang
geübt. Reisen durch die Routinen
verschieden große Lagen und
hier und da/ auch dieser und jener
ein Kind

Kein Flieger geworden kein Reiter geworden
kein Tierarzt werden und dann und wann
ein Kind. Der Himmel ist bestenfalls
zwei Drittel.

Nicht wissen wollen daß es
anders ist. Mutter überlebt Verdun.
Mutter erfriert nicht in Stalingrad.
Mutter lehrt die Kinder Jena und Auerstedt
zum Nachtessen/ mit Löffel und Gabel
im Kartoffelbrei sie segnet die Waffen der Vater
reimt auf Messer Gabel Schere Licht
Keiner will diesen Krieg
Jeder will einen anderen.

Gerhard Polt / Hanns Christian Müller *Mai Ling*

Herr Grundwirmer und Mai Ling sitzen in einer Möbel-Krüger-Sofaecke.

GRUNDWIRMER: Sag amal schön Grüß Gott, Mai Ling, Grüß Gott! – Ich habs erst seit drei Wochen. – Mai Ling hoaßts, des is – des hoaßt – ich heiß ja eigentlich Grundwirmer, und sie natürlich jetzt eigentlich aa. Oiso sozusagen Mai Grundwirmer, geborene Ling. – 2'758 Mark und a bissl was, ab Bangkog Airport, hab ich bezahlt, ah, hab ich kommen lassen. Ich muß sagn, des is relativ preiswert, wenn man bedenkt, ah, sie is aus der Provinz. Weil, in Bangkog selber kauft net amal mehr der Amerikaner ein. Des is alles zu verseucht, zu rein marktmäßig. 500 Demark mehr, und ich hätt a Fitnamesin habm kenna – de san noch etwas robuster – des mag sein, da gehn jetzt die Meinungen auseinander, aber, schaun Ses an, de is doch net schlecht, oder? Also ich bin sehr zufrieden. Sie ist äußerst sauber, sie schmutzt nicht, wie der Asiate anundfürsich überhaupt nicht schmutzt. Ich mein ich bin sehr zufrieden, wissen Sie. – Ge, Mai Ling, simmer zufrieden, hahaha, ge, ja ... Freilich, Anpassungsschwierigkeiten lassen sich nicht ganz vermeiden. Rein küchenmäßig betrachtet, ich vertrag ja des Chinesische net a so, mir ham ja da ganz andere Vorstellungen, schon beim Besteck ... I hob glei gsagt, Mai Ling, diese Staberl da – ich habs dann eingschürt, ich habs verbrennt, a paar hab ich ihr glassen, da kanns dann Mikado spuin damit. Nix dagegen. Und ich muß sagen, sie is da sehr flexibel und anschmiegsam. Überhaupts des Schlafzimmer, da sans ja berühmt, die Asiatinnen, da kenntens Deitsche sei. Ich hab ein Schleiflackschlafzimmer, wissen Sie, und ich muß sagen, pikobello, es spiegelt sich alles darin. Und sie is auch ausgesprochen leise. Wenns irgendwo knarzt oder so ein kleines Pochen, ge, könnt ma moana, des is a Mäuserl, des is sie. Sie tritt ja fast kaum auf, sie schwebt förmlich, weils aa nix wiegt. – Sie is a bissl gelb ankommen, ah, i moan, des woaß ma ja vom Asiaten, aber sie is scho sehr gelb ausgfallen, obwohl, sie paßt hier sehr gut rein. Geimpft is aa, geht ja net anders, ich mein, bei Importen is des immer so, da werd sehr drauf gschaut. Obwohl, es hat geheißen: 1 Meter 49 is sie groß. Sie is aber 3 cm länger ankemma, als ma zerscht gedacht hätt, weil ich hab gmeint, a Verwandte von mir, de Anni, de hat a Kinderbett ghabt, da hab i glaubt, daß ich s reinbring, na ja, vom Mobiliar her hab ich halt a bissl – umdisponieren müssen. Des sind halt amal Kosten, mein Gott, die kann man halt sozusagen als Anschlußkosten, äh, ich muß überhaupt sagen, diese Kosten, Taxi vom Flughafen, Anfahrtswege, Standesamt, Gesundheitspaß, Ausweisgebühren, sie werd ja nachad a Deitsche, des wird extra berechnet. Ich sag des nur für weitere Interessenten – es gibt da Leute, die sind dann doch überrascht, was für eine Kostenlawine sich da auf sie zubewegt. Ich möcht auf alle Fälle sagen, ich bin sehr zufrieden, obwohl ich Einzelabnehmer bin. Auch diese Flitterwoche, die sozusagen absolviert worden ist, hat eigentlich unsere Erwartungen durchaus, – Sie verstehen. Ich war sehr überrascht, diese enorme Exotik, die da plötzlich auf einen zukommt, und drum hat der Asiate auch diese Nachfrage, äh, diese Resonanz in breitesten Kreisen der Bevölkerung. Jetzt passen S' amal auf: Ah, Mai Ling, hol amal Zigaretten, da drüben sinds, Zigaretten – gel, sie versteht schlecht – Zigaretten und Zündhölzel – die da am Tisch liegen, hols amal her, da brings her Mai Ling ... die Zigaretten sollst holen, Zigaretten ...

Mai Ling steht auf und holt Zigaretten und Zündhölzer.

Schaun S', ich hab früher an Ding ghabt, an Schäfer, der is ungern ins Wasser ghupft, ge, wenn ma ihm an Stecka neigschmissen hat, is er auch ... Mai Ling, Zigaretten. Ja, also, sehen Sie, es geht, es ist ein Geduldspiel, die ham ja ein ganz anderes Zeitgefühl. Ma muaß a Geduld habn und a gewisse praktische Psychologie, nachad geht ois. Mai Ling, jetzt derfst di wieda hinsetzen. Sammer sehr zufrieden. Ja, ich kanns nicht anders sagen: eine runde Sache rundherum.

cogito ergo sum

Ich denke,
also bin ich.

Ich denke nicht,
bin aber auch.

Ergo summ ich.
HARDY SCHARF

Zu den Beiträgen

Christa Reinig, Die Frau im Brunnen. Aus dem Roman »Die Frau im Brunnen« (Frauenoffensive)
Karl Mickel, Zwei Gedichte. Aus: Luchterhand Jahrbuch der Lyrik; Hrsg.: Christoph Buchwald und Gregor Laschen (Luchterhand)
Antonio Fian, Ein Krieg. Aus der Zeitschrift »Litfaß«, Nummer 31
Urs Widmer, Die Firma BRD. Aus der Anthologie »Abschiedsbriefe aus Deutschland«; Hrsg.: Hans Jürgen Heinrichs (Qumran)
Rolf Haufs, Aufrechter Gang, schmerzhaft. Aus: »Juniabschiede« (Rowohlt)
Michael Krüger, Eine grauenhafte Geschichte (Titel von den Herausgebern). Aus: »Was tun?« (Wagenbach)
Herta Müller, Die Grabrede. Aus: »Niederungen« (Rotbuch)
Hans-Ekardt Wenzel, Winter. Aus: »Lied vom wilden Mohn« (Mitteldeutscher Verlag)
Hans Mayer, Ein Bild von Deutschland (Titel von den Herausgebern). Aus: »Ein Deutscher auf Widerruf«, Bd. 2 (Suhrkamp)
Stephan Hermlin, Minderheit, Nation, Gedichteschreiben (Titel von den Herausgebern. Auszug aus dem Interview, das zuerst in der Zeitschrift »Freibeuter«, Nummer 22, erschien.
Walter Jens, Wo sind wir oder wie weit (Titel von den Herausgebern). Aus: Frankfurter Rundschau 1. 4. 1985
Christoph Hein, Öffentlich Arbeiten. Aus: »Die wahre Geschichte der Ah Q« (Luchterhand)
Uwe Kolbe, Die Krankheit im Frieden. Aus der Anthologie »Einst war ich Fänger im Schnee«; Hrsg.: Lutz Rathenow (Oberbaum)
Heinrich Böll, Päpstlicher als der Papst: Die große Schurkerei in Saarbrücken (Titel von den Herausgebern). Aus der Frankfurter Zeitschrift »Pflasterstrand«, Nummer 182
Christa Wolf, Über Franz Fühmann. Gedenkrede, gehalten in der Ostberliner Akademie der Künste. Aus der Zeitschrift »Freibeuter«, Nummer 21
Günter Kunert, Im Schrank. Aus: »Zurück ins Paradies« (Hanser)
Wolfgang Deichsel, Ende Anfang (Titel von den Herausgebern). Aus: »Zappzarapp« (Wagenbach)
Guntram Vesper, Alter Genosse. Aus: »Die Inseln im Landmeer« (S. Fischer)
Peter Rühmkorf, Meliorationsarbeit (gekürzt, Titel von den Herausgebern). Aus: »Bleib unerschütterbar und widersteh« (Rowohlt)
Botho Strauß, Belsazar (Titel von den Herausgebern). Aus dem Roman »Der junge Mann« (Hanser)
Niklaus Meienberg, Da taar me nöd. Aus dem zur »Schweizer Realismusdebatte« von der Zürcher »Wochenzeitung« veröffentlichten Dossier und dem gleichzeitig erscheinenden Sammelband »Der wissenschaftliche Spazierstock« (Limmat)
Thomas Bernhard, Gedanken im Ohrensessel über einen Burgschauspieler und das Burgtheater (Titel von den Herausgebern) ist ein Auszug aus dem Roman »Holzfällen« (Suhrkamp)
Alexander Kluge, Über die neuen Medien (gekürzt, Titel von den Herausgebern). Aus der Zeitschrift »Merkur«, Nummer 425
Erich Fried, Steinezüchten. Aus: »Beunruhigungen« (Wagenbach)
Helen Meier, Mangler. Aus: »Trockenwiese« (Ammann)
Hartmut Lange, Die Heiterkeit des Todes. Aus: »Die Waldsteinsonate« (Diogenes)
Michael Schneider, Die Intellektuellen und der Katastrophismus (gekürzt). Aus dem Band mit gesammelten Aufsätzen »Nur tote Fische schwimmen mit dem Strom« (Kiepenheuer & Witsch)

Peter Maiwald, Judas-Versionen. Aus: »Balladen von Samstag auf Sonntag« (Deutsche Verlags-Anstalt)
Ralf Thenior, Die Krähen. Aus: »Radio Hagenbeck« (Michael Kellner Verlag)
Otto Jägersberg, Dicke Luft. Aus: »Vom Handel mit Ideen« (Diogenes)
Sabine Techel, Mobilmachung. Aus der Zeitschrift »Literatur im technischen Zeitalter«, 3/1984
Gerhard Polt / Hans Christian Müller, Mai Ling. Aus »Da schau her. Alle alltäglichen Geschichten« (Haffmans)

Zu den Fußnoten:

Günther Anders Replik auf eine Anfrage erschien in der »Zeit« vom 10. Mai 1985 – *Heinrich Bölls* Gedicht auf Jürgen Peter Boock aus »Die Zeit« vom 13. Juli 1984 – Das Gedicht von *Friedrich Dieckmann* aus »Akzente« Nr. 3, 1984 – Die *dpa*-Meldung vom 8. April 1984 – *Alfred Dreggers* Lob der affirmativen Kunst ist Teil einer Rede in der Kulturdebatte des Bundestags vom 9. November 1984 – Die »Kettenreaktion« erschien in der *FAZ* vom 3. September 1984 – Der Seufzer von *Ludwig Fels* aus »Litfass« 31 – *Erich Frieds* Gedicht aus »Beunruhigungen« (Wagenbach) – *Fritz Rudolf Fries'* Szene am Intershop aus »Litfass« 29 – *Helmut Heißenbüttels* Akademieherbst aus »Mehr ist dazu nicht zu sagen – neue Herbste« (Klett-Cotta) – *Ernst Jandls* Geisterpost erschien in »Manuskripte« Nr. 83 – *Kurt Martis* vaterländisches Gedicht in »Litfass« 30 – *Bodo Morshäusers* Bericht vom Schreiben in »Blende« (Suhrkamp) – *Christa Reinig* über Frauen und Männer aus »Die schwarze Botin«, Nummer 23 – *Karl Rihas* Dialog erschien in: »In diesem/diesem Moment« (Machwerk) – Das Gedankenspiel von *Hardy Scharf* aus: »Sei lachsam«, Hrsg.: Hardy Scharf und Erich Liebermann (Verlag Friedl Brehm) – Das Gedicht von *Hans Ulrich Treichel* erschien in der Anthologie »Benzin im Blut«, Hrsg.: Ronald Glomb und Lothar Reese (Rowohlt)

Im Verteidigungsfall

Was werden
die letzten Worte
der Völker sein?

»Ihr seid schuld gewesen«
»Nein, ihr«
»Nein, nur ihr allein«

Erich Fried

1984 erschienene Bücher deutschsprachiger Autoren

Die Bibliographie, zusammengestellt von Renate Krüger und Hermann Popinga, vermerkt nur Neuerscheinungen oder Sammelbände, die neue Texte enthalten. Für die Anthologien (am Schluß des alphabetischen Autorenverzeichnisses) gilt das gleiche Prinzip.

Christa Abb/Chr. Köhler, Stumme Ausdrücke. Gedichte. Hann. Münden (Gauke)
Herbert Achternbusch, Die Olympiasiegerin. *Filmbuch.* Ffm. (Suhrkamp)
Kurt Aebli, Die Flucht aus den Wörtern. Erzähl. Zürich (Rauhreif)
Leopold Ahlsen, Die Wiesingers, Roman. Bergisch Gladbach (Lübbe)
Andreas Albrecht, Nachtwandeln u. ähnliche Prosastücke. Berlin (Aufbau)
Elisabeth Alexander, Glückspfennig. Gedichte. Düsseldorf (Erb)
Kristiane Allert-Wybranietz, Wenn's doch nur so einfach wär. Verschenktexte. Fellbach (Körner)
Gerda Altschwager, Ankommen am Ende. Gedichte. Göttingen (Schlender)
Achim Amme, Höllenlieder. Lieder und Gedichte. Göttingen (Schlender)
Sascha Anderson/Ralf Kerbach/Cornelia Schleime/Michael Wildenhain, Waldmaschine. Übung, vierhändig. Berlin (Rotbuch)
Oskar Ansull, Disparates. Gedichte. Stuttgart (Radius)
Bruno Apitz, Schwelbrand. Roman. Halle (Mitteldeutscher)
Renate Apitz, Hexenzeit. Roman. Rostock (Hinstorff)
Wolf Arnold, Vergebliches Glück. Roman. Halle (Mitteldeutscher)
H. C. Artmann, Nachtwindsucher. 61. österr. Haiku. Berlin (Rainer)
Reinhold Aumaier, Zwischenlösung. Prosa und Gedichte. Linz (Neue Texte)
Rose Ausländer, Gesammelte Werke. Bd. 3-5. Ffm. (S. Fischer)
Hans Bach, Wandelsterne. Phant. Erz. Berlin (Das Neue Berlin)
Guido Bachmann, Die Kriminalnovellen. Basel (Lenos)
Helmuth M. Backhaus, Totentanz. Ffm. (Hase)
Ernst Bader, Die Welt ist schön Milord. Fischerhude (At. i. Bauernhaus)
Hans-Joachim Barkenings, An der Rampe. Gedichte. Duisburg (Trikont)
Kuno Bärenbold, Heroes & Zeroes. Erz. Karlsruhe (Ed.Eisbrecher)
Wolfgang Bauer, In Zeiten wie diesen. Drehbuch. Salzburg (Residenz)
Michael Batz, Geschichten zwischen Tür und Angel. Reinbek (Rowohlt)
Dora Baumann, Die Stunde des Fuchses. Gedichte. Schaffhausen (Meili)
Jürgen Beckelmann, Lachender Abschied. Roman. Berlin (Schmid)
Uli Becker, So gut wie nichts. Gedichte. Reinbek (Rowohlt)
Maria Beig, Hermine – ein Tierleben. Roman. Sigmaringen (Thorbecke)
Erika Beltle, Im Windgeflüster. Gedichte. Ffm. (R. G. Fischer)
Hans Bemmann, Erwins Badezimmer. Gesch. i. Briefen. Stgt. (Ed. Weitbrecht)
Eva Maria Berg, Probe Alarm. Gedichte und Prosatexte. Freiburg (Dreisam)
Eva-Maria Berg, zimmer flucht. Texte und Gedichte. Freiburg (Mersch)
Thomas Berg, Aufs Spiel gesetzt. Eine Lebensgeschichte. Königstein (Athenäum)
Karl Heinz Berger, Im Labyrinth. Roman. Berlin (Union)
Karl Heinz Berger, Sirenengesang. Kriminalroman. Berlin (Das Neue Berlin)
Uwe Berger, Die Neigung. Roman. Berlin (Aufbau)
Ulrich Berkes, Tandem. Gedichte. Berlin (Aufbau)
Ulla Berkéwicz, Michel, sag ich. Prosa. Ffm. (Suhrkamp)
Josef Berlinger, F. C. Delius gegen H. C. Artmann. Verbal(l)hornungen. München (Brehm).
Thomas Bernhard, Holzfällen. Prosa. Ffm. (Suhrkamp)
Thomas Bernhard, Der Theatermacher. Theaterstück. Ffm. (Suhrkamp)
Rolf Biebricher, Schade, daß sie eine Leiche ist. Kriminalr. München (Goldmann)
Horst Bienek, Tee auf Schloß Königswald. Erzählung. München (Hanser)

Kurt Biener, Allegra. Gedichte. St. Moritz (Gammeter)
Christiane Binder-Gasper, Alexanders Freund. Erz. Düsseldorf (Eremiten)
Franco Biondi, Abschied der zerschellten Jahre. Nov. Kiel (Neuer Malik)
Anne Birk, Papierboote – Geschichten für den Frieden. Karlsruhe (Loeper)
Gernot Bischoff, Kätzchen zur Pflege oder Familiengezänk bei Tobelmanns. Stück. Weinheim (Deutscher Theaterverlag)
Wolfgang Bittner, Kopfsprünge. Gedichte. Stuttgart (Spectrum)
Huldrych Blanke, Ochino. Ein Stück. Basel (Nachtmaschine)
Marianne Blasinski, Os Mine, unsere Großmama. Berlin (Stoedtner)
Andreas Blechner, Der Drücker. Roman. Hamburg (buntbuch)
Ilse Blumenthal-Weiss, Ohnesarg. Gedichte. Hannover (Postskriptum)
Heinrich Böll, Ein- und Zusprüche. Schriften, Reden, Prosa. 1981-1984. Köln (Kiepenheuer & Witsch)
Heinrich Böll, Mein trauriges Gesicht. Erzählung. Bornheim (Lamuv)
Franz Böni, Alle Züge fahren nach Salem. Prosa. Ffm. (Suhrkamp)
Curt Bois/Wolfgang Deichsel, So schlecht war mir noch nie. Königst. (Athenäum)
Gabrielle Bollmann, Ablösung. Tagebuch eines Winters. Thalwil (Paeda-Media)
Dieter Bongartz, Ich singe vom Frieden. Gedicht 2. Reinbek (Rowohlt)
Rolf Bongs, Ich sah, daß die Bäume zu gehen begannen. Düsseldorf (Claassen)
Otto Bonhoff, Das Spiel mit dem Drachen. Erzählungen. Halle (Mitteldeutscher)
Jürgen Borchert, Die Papiere meiner Tante. Roman. Halle (Mitteldeutscher)
Ilse Braatz, Geschieht ein Hochzeitsfest. Roman. Basel (Stroemfeld/Roter Stern)
Wolfgang Braker, Schnappschüsse. Lyrik. Bruchköbel (Naumann)
Beat Brechbühl, Die Nacht voll Martinshörner. Pforzheim (Hertenstein-Presse)
Beat Brechbühl, Temperatursturz. Gedichte. Bern (Erpf)
Walter Brecht, Unser Leben in Augsburg, damals. Erinnerungen. Ffm. (Insel)
Jakob Brem, Gedichte. Langnau (Arpa)
Claus Bremer, Man trägt keine Mützen nach Athen. Gedichte. Affoltern (Orte)
Irmela Brender, In Wirklichkeit ist alles ziemlich gut. Roman. Mnch. (Droemer)
Thomas C. Breuer, Buch müssen Bescheid wissen. Hdlbg. (Schlechterdinger Bote)
Thomas C. Breuer, Exotick. Gesch. u. Texte. Hdlbg. (Schlechterdinger Bote)
Renate Brie-Kölmel, Atemholen. Gedichte. Waldkirch (Waldkircher Verlagsges.)
Peter Brotschi, Liebe einer Fasnacht. Erzählung. Basel (Cornfeld)
Christine Brückner, Was ist schon ein Jahr. Frühe Erz. Bln. (Ullstein)
Joachim Brugger, Nachgedachtes. Gießen (Verlag der Ferberschen Univ.-Buchh.)
Martin Brunold, Finn Mac Uail. Eine Geschichte. Wald (Im Waldgut)
Marianne Bruns, O Ninive! Erzählung. Berlin (Union)
Günter Brus, Die Geheimnisträger. Roman. Salzburg (Residenz)
Günter Brus, Eisblut, blauer Frost. Bilddichtungen. Köln (Ed. Hundertmark)
Günter de Bruyn, Neue Herrlichkeit. Roman. Ffm. (S. Fischer)
Ulrich Bubna, Die Bestie aus der Linzergasse. Geschichte. Ffm. (S. Fischer)
Hans Chr. Buch, Die Hochzeit von Port-au-Prince. Roman. Ffm. (Suhrkamp)
Karl-Heinz Buchbauer, Fahrt zur Hölle Ihr Lieben. Roman. Ffm. (R. G. Fischer)
Stefan Buchenau, Rauchender Hund zur Nolle 17. Reportage. Bln. (Ed. Vespüne)
Jürgen Buchmann, Logbuch v. Meer d. Finsternis. Gesch. Bielefeld (Pendragon)
Madeleine Buess, Gangwechsel. Roman. Basel (Nachtmaschine)
Inga Buhmann, 1971: Makedonischer Grenzfall. Erz. Bielefeld (Pendragon)
Annemarie Buntrock, Das Ohr an der Wurzel. Ged. Bln. (Ed. ad absurdum)
Karlheinz Burandt/A.S.H. Pelikan, Tagsüber & Nachtsunter. Ged. Duisburg (Trikont)
Sigrid Burger, Was mich bewegt. Gedichte. Baden-Baden (Battert)
Erika Burkart, Sternbild des Kindes. Gedichte. Zürich (Artemis)
Ernst Burren, Näschtwermi. Mundarterzählung. Gümligen (Zytglogge)
Michael Buselmeier, Monologe über das Glück. Prosa. Essen (Rigodon)
Matthias Buth, Ohne Kompaß. Gedichte. Düsseldorf (Erb)
Coren Caplan, Seiltanz. Gedichte. Karlsruhe (Loeper)

Sigrun Casper, Das Ungeheuer. Zehn Berl. Liebesgesch. Bln. (Erb & Kollektiv)
Gino Chiellino, Mein fremder Alltag. Lyrik. Kiel (Neuer Malik)
Eugen Claassen, In Büchern denken, Briefwechsel. Düsseldorf (Claassen)
Uta Claus, Total tote Hose. 12 bockstarke Märchen. Frankfurt (Eichborn)
Maria Colombo, Die Borgeserin. Roman. Zürich (Claassen)
Johannes Conrad, 24 Stunden in der Hölle. Gesch. Bln. (Eulenspiegel)
Diemut Cramer, Ein Flickelteppich. Homburg (Hagenberg)
Peter Crome, Der Tigergrill. Satirischer Roman. Ffm. (Insel)
Hans Leopold Davi, Neue Distel- und Mistelworte. Zürich (Pendo)
Martin R. Dean, Die gefiederte Frau. Liebesgeschichten. München (Hanser)
Waldemar Dege, Lob des Unkrauts. Gedichte. Berlin (Eulenspiegel)
Wolfgang Deichsel, Zappzarapp. Theaterstück. Berlin (Wagenbach)
Anton Dekan, Ein Fuß vor dem anderen. Roman. Klagenfurt (Ritter)
Reinhard Delau, Moscheen und Mandelblüten. Halle (Mitteldeutscher)
Friedrich Christian Delius, Adenauerplatz. Roman. Reinbek (Rowohlt)
Eva Demski, Scheintod. Roman. München (Hanser)
Uwe Dick, König Tauwim. Mangaseja. 2 Märchen. Passau (Haller)
Uwe Dick, Im Namen des Baumes und seines eingeborenen Sohnes, des Buntspechts. Mit der Pariser Canetti-Rede. Passau (Haller)
Arno Dietsche/Jürgen Liebing, Aus Anlaß des Todes. Uetze (Der Librist)
Martin Disler, Delphi/Rosy. Dudweiler (AQ)
Tankred Dorst, Die Reise nach Stettin. Prosa. Ffm. (Suhrkamp)
Ingeborg Drewitz, Unter meiner Zeitlupe. Porträts, Panoramen. Wien (Europa)
Daniel Dubbe, Wilde Männer, wenig Männer. Texte. Oberndorf (Pohl'n'Mayer)
Hans Dürr, Die Eisläuferin. Gedichte. Baden-Baden (Battert)
Jens Dummer, Mein Freund Francois Villon & ich & der alltägliche Balladenballast. Düsseldorf (Zwiebelzwerg)
Ebeling, Örter. Texte. Hannover (Zweitschrift)
Jeannie Ebner, Der Königstiger. Erzählung. Graz (Styria)
Peter Ebner, Schnee im November. Roman. Graz (Styria)
Helmut Eckl, Bierblick. Roman. München (Brehm)
Werner Ehrenforth, Die unsterbliche Eintagsfliege. Halle (Mitteldeutscher)
Serge Ehrensperger, Passionstage. Roman. Bern (Erpf)
Reimer Eilers, All die verwirrten Männer. 3 Erzählungen. Berlin (KKZR)
Helmut Eisendle, Die Frau an der Grenze. Roman. Salzburg (Residenz)
Lotte H. Eisner, Ich hatte einst ein schönes Vaterland. Hdlbg. (Wunderhorn)
Marlene Eitze, Wellenspiele. Gedichte und Skizzen. Hildesheim (Lax)
Gisela Elsner, Die Zähmung. Roman. Reinbek (Rowohlt)
Gudrun Embacher, Antigone und ihre Brüder. Roman. Berg (Hohenstaufen)
Michael Ende, Der Goggolori. Eine bairische Mär. Stgt. (Ed. Weitbrecht)
Michael Ende, Der Spiegel im Spiegel. Ein Labyrinth. Stgt. (Ed. Weitbrecht)
Wolfgang Engel, Empfindliche Nähe. Gedichte. Göttingen (Schlender)
Elisabeth Engelhardt, Zwischen 6 und 6. Prosa. München (Delp)
Barbara Engelmann, Und mindestens alles ist möglich. Ged. Gött. (Schlender)
Ute Erb, Ein schöner Land. Lyrik. Berlin (Fietkau)
Claudia Erdheim, Bist du wahnsinnig geworden? Roman. Wien (Löcker)
Johannes Erdrauch, Grenzgänge. Kroppach (Nilschwein)
Nino Erné, Vorschlag zur Güte. Prosa. Karlsruhe (Loeper)
John Erpenbeck, Heillose Flucht. Szenen einer Biografie. Halle (Mitteldeutscher)
Anne-Marie Fabian, Wink über das Aschenfeld. Gedichte. Oberhausen (Asso)
Urs Faes, Der Traum vom Leben. Erzählungen. Basel (Lenos)
Frieder Faist, Schattenspiele. Roman. Zürich (Haffmans)
Gerhard Falkner, der atem unter der erde. Gedichte. Darmstadt (Luchterhand)
Susanne Faschon, Vogelzug. Gedichte. Landau (Pfälz. Verlagsanstalt)
Jörg Fauser, Rohstoff. Roman. Berlin (Ullstein)
Siegmar Faust, Ein jegliches hat sein Leid. Berlin (Guhl)

Jörg Federspiel, Die beste Stadt für Blinde u. a. Berichte. Ffm. (Suhrkamp)
Roderich Feldes, Das Weber-Panofski-Syndrom. Erz. Assenheim (Brenn-Glas)
Heiner Feldhoff, Die Notwendigkeit bibbernd zusammenzurücken. Gedichte. Landau (Pfälzische Verlagsanstalt)
Ludwig Fels, Der Anfang der Vergangenheit. Gedichte. München (Piper)
Fritz Fenzl, Hast du mei Sternderl gseng? Bayer. Ged. Pfaffenhofen (Ludwig)
Fritz Fenzl, Wie das Urviech erschaffen wurde. München (Ehrenwirth)
Urs M. Fiechtner, Fluglizenz für einen Maulwurf. Lyrik. Kiel (Neuer Malik)
Wolfgang Fienhold, Nachdurst. Gedichte. Stuttgart (Spectrum)
Christian Fink, Milde Schauer Körper durchfluten. Ged. Basel (Nachtmaschine)
Tone Fink, Maikäferdompteur. Wien (Freibord)
Tone Fink/Gerhard Jaschke, Fliegende Trümmer. Wien (Freibord)
Marieluise Fleißer, In die Enge geht alles. Skizzen, Fragmente und zwei Briefe. Berlin (Friedenauer Presse)
Walter Flemmer, Oamoi ois Woikn schweem. Bayer. Ged. Pfaffenhofen (Ludwig)
Luisa Francia, Kalypso. Erzählung. München (Frauenoffensive)
Martin Frank, La Mort de Chevrolet. Roman. Zürich (Ammann)
Herbert W. Franke, Die Kälte des Weltraums. Phant. Roman. Ffm. (Suhrkamp)
Michael Franz, Sieg der Sphinx. Kriminalroman. Halle (Mitteldeutscher Verlag)
Urs Frauchiger, Rajane, Engel und Triangel Gümligen (Zytglogge)
Frederike Frei, Vom Lieben geschrieben. Lyrik und Prosa. Ffm. (Eichborn)
Manfred Freitag/Joachim Nestler, Der Entwurf. Geschichte. Berlin (Neues Leben)
Alexander Frey, Die Pflasterkästen. Roman. Leipzig (Kiepenheuer)
Erich Fried, Beunruhigungen. Gedichte. Berlin (Wagenbach)
Erich Fried, Und alle seine Mörder. Theaterstück. Wien (promedia)
Erich Fried, Und nicht taub und stumpf werden. Dorsten (Int. Literaturfabrik)
Herbert Friedmann, Vaters Geheimnis. Roman. Dortmund (Weltkreis)
Fritz Rudolf Fries, Hörspiele. Rostock (Hinstorff)
Fritz Rudolf Fries, Verlegung des Reichs der Mitte. Roman. Berlin (Aufbau)
Barbara Frischmuth, Kopftänzer. Roman. Salzburg (Residenz)
Christoph Fromm, Der kleine Bruder. Erzählungen. Göttingen (ed. herodot)
Klaus Frühauf, Das verhängnisvolle Experiment. Roman. Berlin (Neues Leben)
Jürgen Fuchs, Fassonschnitt. Roman. Reinbek (Rowohlt)
Franz Fühmann, Kirke und Odysseus. Ein Ballett. Rostock (Hinstorff)
Renate Fuess, Am Eingang von Kotor. Gedichte. Reinbek (Rowohlt)
Rainer Fuhrmann, Die Untersuchung. Utop. Roman. Berlin (Das Neue Berlin)
Wolfgang Funke, Funk-Sprüche. Epigramme. Berlin (Eulenspiegel)
Zsuzsanna Gahse, Berganza. Erzählung. München (List)
Paul Gasser, Wenn die Erde nach Regen dürstet. Diepoldsau (Rheinpress)
Frank Geerk, Herz der Überlebenden. Roman. Karlsruhe (Loeper)
Hartmut Geerken, Holunder. Spenge (Ramm)
Christoph Geiser, Wüstenfahrt. Roman. Zürich (Nagel & Kimche)
Karl-Friedrich Geissler, Die Kälte des Feuers. Erz. Landau (Pfälz. Verlagsanstalt)
Johanne von Gemmingen, Herzgeschichten. Roman. Langenau-Ulm (Vaas)
Wilhelm Genazino, Fremde Kämpfe. Roman. Reinbek (Rowohlt)
Hertha Georg, Der Leiterwagen. Erzählungen. Berlin (Bärenpresse)
Gunter Gerlach, Das Katzenkreuz. Ein phantastisches Abenteuer. Zürich (Eco)
Harald Gerlach, Nachricht aus Grimmelshausen. Gedichte. Berlin (Aufbau)
Rolf Gerlach, Eselsbrücke. Tagebuchroman. Berlin (Vlg. d. Nation)
Robert Gernhardt, Letzte Ölung. Satiren 1962-1984. Zürich (Haffmans)
Ralph Giordano, Die Spur. Reportagen. Ffm. (S. Fischer)
Paul Gisi, Milchstraßenlaterne. Gedichte. Bern (Reinecke)
Paul Gisi, Schwarze Löcher. Gedichte. Bern (Dendron)
Horst Glameyer, Die gelbe Seidenschnur. E. Märchen f. Liebende. Olten (Walter)
Michael C. Glasmeier, Auf Walfang im südlichen Eis. Berlin (Vogelsang)
Ralph Roger Glöckler, Reise ins Licht. Roman. München (Nymphenburger)

Anselm Glück, Ohne Titel. Prosa. Linz (Neue Texte)
Wilhelm Gössmann, Lernen ist verrückt. Eine lit. Inspektion. Düsseldorf (Erb)
Max Goldt, Mein äußerst schwer erziehbarer schwuler Schwager aus der Schweiz. Texte. Berlin (a-verbal)
Gerda Gollwitzer, Die Botschaft der Bäume. Köln (DuMont)
Hanns Gottschalk, Unser das Wort. Gedichte. München (Delp)
Christof Graf, Angst vorm ersten Mal. Gedichte. Kusel (Punkt im Quadrat)
Volker Graf, Der Abschied des Freiherrn. Reden vom Walde. Berlin (Arsenal)
Manfred Graef, Der Krieg ist aus. Roman. Rhodt (Junge Literatur)
Marianne Gradl-Grams, Nichtwissenschaftliche Beobachtungen, die Jahreszeiten betreffend. Ebenhausen (Langewiesche-Brandt)
Günter Grass, Radierungen und Texte 1972-1982. Darmstadt (Luchterhand)
Donka Grey, Lichter und Schatten, Gedichte. Basel (Cornfeld)
Bernhard Grimminger, Die Fabrik. Utop. Roman. Meitingen (Corian)
Harald Gröhler, Rot. Roman. München (Schneekluth)
Helmut Grömmer, Männer im Schrank. Stück. Weinheim (Dt. Theaterverlag)
Barbara Groher, Feierblau. Roman. Basel (Nachtmaschine)
Michael Groißmeier, Dem Rauch mißtrauen. Gedichte. München (Schneekluth)
Peter Grohmann, Falsifikate. Texte. Stuttgart (Ed. Cordeliers)
Walter Grond, Landnahme. Roman. Hamburg (Hoffmann & Campe)
Jürgen Groß, Stücke. Berlin (Henschel)
Peter Grosz, Der Boxer. Eine Geschichte. Büdingen (Pawel Pan)
Martin Grzimek, Trutzhain. München (Hanser)
Wolfgang G. Grün, Heino Hecht. Roman. Rossdorf (Brinkhaus)
Ralph Grüneberger, Gedichte. Berlin (Neues Leben)
Uwe Grüning, Im Umkreis der Feuer. Gedichte. Berlin (Union)
Alfred Gulden, Die Leidinger Hochzeit. Roman. München (List)
Lino Gunz, Ich. und . . und. Uerikon (Ed. Moritzberg)
Ursula Haas, Abschiedsgeschichte. Erzählungen. München (Limes)
Peter Hacker, Gelehnt gegen die Luft. Gedichte. Wien (Maioli)
Peter Härtling, Der span. Soldat od. Finden u. Erfinden. Darmstadt (Luchterhand)
Peter Härtling, Ich rufe die Wörter zusammen. Ged. Pfaffenweiler (Pfaffenw. Pr.)
Peter Härtling, Und hören voneinander. Reden. Stgt. (Radius)
Ruedi Häuptli, Die Fortsetzung der Ping-pong-Beziehung. Zürch (Pfeffer-Hirn)
Ruedi Häuptli, Sprung ins Wasser. Prosa & Poesie. Zürich (Tintenklex)
Ruedi Häuptli, Tanz der Nashörner. Ged., Erz. Zürich (Pfeffer-Hirn-Verlag)
Jens Hagen, Jens Hagen. Gedichte. München (Damnitz)
Roswitha Hamadani, Ein Jäger trat aus einem Strauch. Roman. Zürich (Ammann)
Klaus Hansen, Das endgültige Gedicht. Gedichte. Kusel (Punkt im Quadrat)
Irma Harder, Die Frau vom Ziegelhof. Roman. Berlin (Neues Leben)
Ludwig Harig, Zum Schauen bestellt. Tagebuch. Landau (Pfälz. Verlagsanstalt)
Rolf Harner, Im Zeichen der Medusa. Gedichte. Kroppach (Nilschwein)
Oliver Hassencamp, Fröhliche Zeiten. München (Herbig)
Ran Haubert, In unbekanntem Auge ruhend. Ged. 1979-1983. Freiburg (Herder)
Ran Haubert, In unbekanntem Auge ruhend. Gedichte. Freiburg (Herder)
Maria Hauck, Jahre voll Angst. Geschichte. Zürich (Mahach)
Elisabeth Hauer, Ein halbes Jahr, ein ganzes Leben. Roman. Graz (Styria)
Elisabeth Hauer, Verlasse die Felder. Eisenstadt (Roetzer)
Rolf Haufs, Juniabschied. Gedichte. Reinbek (Rowohlt)
Bernhard Haupeltshofer, Aus der Schrift heraus. Ged. Kusel (Punkt im Quadrat)
Jochen Hauser, Als Kutte noch Jack London war. Gesch. Bln. (Vlg. d. Nation)
Günter Heiden, Falsche Kameraden. Roman. Dortmund (Weltkreis)
Elke Heidenreich, Darf's ein bißchen mehr sein? Satire. Reinbek (Rowohlt)
Gerd Heidenreich, Die Steinesammlerin. Roman. Düsseldorf (Claassen)
Gert Heidenreich, Der Wetterpilot / Strafmündig. Zwei Stücke. Ffm. (S. Fischer)
Carlamaria Heim, Aus der Jugendzeit. Erinnerungen. München (Obalski & Astor)

Alexander Heimann, Bellevue. Roman. Bern (Erpf)
Bodo Heimann, Lebende Spiegel. Kiel (Euterpe)
Christoph Hein, Die wahre Geschichte des Ah Q. Darmstadt (Luchterhand)
Manfred Peter Hein, Gegenzeichnung. Gedichte. Berlin (Agora)
Ernst W. Heine, Hackepeter. Neue KilleKille-Geschichten. Zürich (Diogenes)
E. W. Heine, Wer ermordete Mozart? Mordgesch. Zürich (Diogenes)
E. W. Heine, New York liegt im Neandertal. Zürich (Diogenes)
Hartmut Heinze, Bärendienst. Gedichte. Berlin (Bärenpresse)
Monika Helfer, Die wilden Kinder. Roman. München (Piper)
Helmut Heißenbüttel, mehr ist dazu nicht zu sagen. neue herbste. Stgt. (Klett-C.)
Werner Helwig, Totenklage. Aufzeichnungen. Ffm. (Insel)
Peter Henning, Parkgeschichten. Göttingen (Schlender)
Horst Hensel, Aufstiegsversagen. Roman. Dortmund (Weltkreis)
Hans Herbst, Siesta. Erzählungen. Hamburg (Knaus)
Günter Herburger, Das Lager. Ausg. Ged. 1966-1983. Darmstadt (Luchterhand)
Günter Herburger, Capri. Die Geschichte eines Diebs. Darmstadt (Luchterhand)
Gerhard Herm, Die Königin des Dionysos. Roman. Hamburg (Hoffmann & C.)
Frank-Birger Herzer, Geisterfahrer. Gedichte. Berlin (Ed. Sonnenbarke)
Werner Herzog, Wo die grünen Ameisen träumen. Filmerz. München (Hanser)
Hubertus Hess, Kaskaden der Stille. Ged. u. lyr. Skizzen. Buxheim (Martin)
Frederik Hetman, Madru oder Der große Wald. Ein Märchen. Köln (Diederichs)
Ulla Hewald, Reifungen, Drei Erzählungen. Heilbronn (Salzer)
Richard Hey, Feuer unter den Füßen. Kriminalrom. Reinbek (Rowohlt)
Heinz Heydecke, Schatten eines Unfalls. Roman. Berlin (Neues Leben)
Stefan Heym, Schwarzenberg. Roman. München (Bertelsmann)
Wolfgang Hildesheiemer, Das Ende der Fiktionen. Reden, Aufs. Ffm. (Suhrkamp)
Walter Hilsbecher, Les Adieux. Gedichte u. Kurzprosa. Berlin (ad absurdum)
Hans Rudolf Hilty, Zuspitzungen. Betrachtungen. Zürich (Limmat)
K. H. Hödicke, Purzelbaum. Bilder und Gedichte. Berlin (Rainer)
Otto Höschle, Die Lunte brennt. Gedichte. Zürich (Arche)
Kay Hoff, Janus. Roman. Düsseldorf (Erb)
Dieter Hoffmann, Farbige Kreiden. Gedichte. Mainz (v. Hase und Koehler)
Gert Hofmann, Die Rückkehr des verlorenen Jakob Michael Reinhold Lenz nach Riga. Novelle. Neu-Isenburg (Ed. Tiessen)
G. M. Hofmann, Blasius. Komische Tragödie. Graz (Droschl)
Gert Hofmann, Unsere Eroberung. Roman. Darmstadt (Luchterhand)
Hofmann-Wellenhof, Aus meiner heilen Welt. Graz (Stocker)
Raimund Hoghe, Preis der Liebe. Erzählung. Aachen (Rimbaud Presse)
Christian Høgsberg, Feuerspeer. Gedichte. Hann. Münden (Gauke)
Franz Hohler, Die dritte Kolonne. Theaterstück. Weinfelden (Pro Mente Sana)
Curt Hohoff, Venus im September. Roman. München (Limes)
Alberto Holenstein, Tessiner Geschichten. Gümligen (Zytglogge)
Arthur Honegger, Ein Flecken Erde. Roman. Frauenfeld (Huber)
Ulrich Horstmann, Das Glück von Omb'Assa. Phant. Roman. Ffm. (Suhrkamp)
Ulrich Horstmann, Hirnschlag. Abtestate, Berserkasmen. Göttingen (Herodot)
Peter Huchel, Ges. Werke. Bd. I: Ged. Bd. II: Verm. Schriften. Ffm. (Suhrkamp)
Beate Hübner, Menschen unter sich. Karlsruhe (Ed. Eisbrecher)
Paul Hübner, Der Berg. Roman. Kandern (Hübner)
Bernd-Dieter Hüge, Kaderakte eines Zugvogels. Gedichte. Berlin (Aufbau)
Thomas Hürlimann, Stichtag. Großvater und Halbbruder. Stücke. Ffm. (S. Fischer)
Hanns Dieter Hüsch, Am Niederrhein. Freiburg (Eulen-Verlag)
André Imer, Freigut. Lyrik. Bern (Erpf)
Hans Imhoff, Gedichte 1. Ffm. (Euphorion)
Hans Imhoff, Passus. Gedichte aus 25 Jahren. Ffm. (Euphorion)
Felix Philipp Ingold, Fremdsprache. Gedichte. Berlin (Rainer)
Margrit Irgang, Min. Die Geschichte v. Glück und vom Glas. Zürich (Benzinger)

Heinz Jacobi, Basta. Gedichte. München (Bräuer)
Bernd Jaeger, Hart an der Grenze. Gedichte. Ffm. (Robinson)
Otto Jägersberg, Vom Handel mit Ideen. Geschichten. Zürich (Diogenes)
Urs Jaeggi, Versuch über den Verrat. Darmstadt (Luchterhand)
Johannes Jänicke, Ich konnte dabeisein. Berlin (Wichern)
Angelika Jakob, Flieg, Schwesterlein, flieg! Erz. Siegen (Machwerk)
Peter Jakob, Ein Dichter an und Pfirsich. Roman. Bern (Erpf)
Ernst Jandl, live. Gedichte und Prosa. Darmstadt (Luchterhand)
Horst Janssen, Die Litze. Hamburg (St. Gertrude)
Horst Janssen, lirum-larum. Hamburg (St. Gertrude)
Horst Janssen, Wenn es denn sein muß. Hamburg (St. Gertrude)
Jean Jauslin, Das gelbe Horoskop. Roman. Worms (The World of Books Ltd.)
Elfriede Jelinek, Theaterstücke. Köln (Prometh)
Manfred Jendryschik, Anna, das zweite Leben. Prosa. Halle (Mitteldeutscher)
Walter Jens, Kanzel und Katheder. Reden. München (Kindler)
Uwe Johnson, Heute Neunzig Jahr. Gesch. d. Fam. Cresspahl. Ffm. (Suhrkamp)
Anna Jonas, Sophie und andere Pausen. Gedichte. Berlin (Rotbuch)
Ernst Jünger, Autor und Autorschaft. Stuttgart (Klett-Cotta)
Arnim Juhre, Der Schatten über meiner Hand. Gedichte. Stuttgart (Radius)
Bernhard Jundt, Der Mähdrescher. Geschichten. Gümligen (Zytglogge)
Günter Jung, Es gibt kein zurück. Abriss Prosa. Berlin (KKZR)
Günter Jung, Bei Durchsicht meines Lebens entstandene Gedichte, Lieder, Kurzgeschichten, Theaterstück. Berlin (KKZR)
Hahnrei Wolf Käfer, Die Flucht zum Ausgangspunkt. Roman. Wien (Maioli)
Hugo Ernst Käufer, Kehrseiten. Neue Aphorismen. Oberhausen (Asso)
Hugo Ernst Käufer, Hugo Ernst Käufer. Gedichte. München (Damnitz)
Heinz Kahlau, Fundsachen. Gedichte. Berlin (Aufbau)
Ingeborg Kaiser, Ein Denkmal wird zertrümmert. Erzählungen. Basel (GS)
Hans Kals, 1984 – jetzt: Zeit für Gegen-Geschichten. Freiburg (Herder)
André Kaminski, Herzflattern. Geschichten. Ffm. (Suhrkamp)
Thomas Kapielski, Bestwerliner Tunkfurm. Berlin (Vogelsang)
Walter Kappacher, Gipskopf. Erzählung. Graz (Droschl)
Adel Karasholi, Daheim in der Fremde. Gedichte. Halle (Mitteldeutscher)
Yaak Karsunke/Arwed Gorella, die guillotine umkreisen. Gedichte und Collagen. Berlin (Ed. Mariannenpresse)
Heinz Kattner, Unauffälliges Zittern. Ein Poem. Hannover (Postskriptum)
Walther Kauer, Bittersalz. Roman. Zürich (Benziger)
Walter Kaufmann, Flucht. Roman. Halle (Mitteldeutscher Verlag)
Henry Keisch, Die Vier-Zeilen-Muse. Epigramme. Rostock (Hinstorff)
Jochen Kelter, Laura. Gedichte. Zürich (Ammann)
Jochen Kelter, Der Sprung aus dem Kopf. Prosa, Aufsätze. Weingarten (Drumlin)
Birgit Kempker, Der Paralleltäter. Roman. Zürich (Ammann)
Walter Kempowski, Herzlich willkommen. Roman. Hamburg (Knaus)
H.-H. Kersten, Grüner wird's nicht. Gedichte. Uetze (Der Librist)
Herbert Kessler, Lebenslinien. Gedichte Gogartens. Mannheim (Sokrates)
Ilse Kibgis, Meine Stadt ist kein Knüller in Reisekatalogen. Ged. Oberh. (Asso)
R. Kiefer, Am Ortsende wartet der Zauberer. Ged. Aachen (Rimbaud Presse)
R. Kiefer, Ein Geheimnis in Oberwald. Kindermärchen. Aachen (Rimbaud Presse)
Michael Kiesen, Freunde in Manhattan. Roman. Bielefeld (Pendragon)
Ingomar von Kieseritzky, Obsession. Ein Liebesfall. Stuttgart (Klett-Cotta)
Martin Kippenberger/Albert Oehlen, Gedichte. Berlin (Rainer)
Bodo Kirchhoff, Mexikanische Novelle. Ffm. (Suhrkamp)
Wolfgang Kirchner, Rechts Liegenschaften. Roman. Berlin (Quadriga)
Rainer Kirsch, Sauna oder Die fernherwirkende Trübung. Erz. Rostock (Hinstorff)
Sarah Kirsch, Katzenleben. Gedichte. Stuttgart (DVA)
Wulf Kirsten, Die Schlacht bei Kesselsdorf. Bericht. Berlin (Aufbau)

Hans Kiskalt, Das Haus in Islington. Roman. Ffm. (Haag und Herchen)
Fritz Klenner, Flucht in die Niederlage. Wien (Europaverlag)
Peter Klever, Wenn der Herbst kömmt. Wandlungen im Leben. Lahr (Klever)
Kriemhild Klie-Riedel, Von Sinnsuchern u. Traumtänzern. Hann. Münden (Gauke)
Kriemhild Klie-Riedel, Nachtigallen schiessen nicht. Hann Münden (Gauke)
Gerhard Klier, Denktrümmer. Lyrik. Tübingen (Ed. Skarabäus)
Alexander Kluge, Neue Geschichten. Hefte 19-28. Ffm. (Suhrkamp)
Camilla Kneschke, Wo ist Claudia? Roman. Ffm. (S. Fischer)
Betty Knobel, Wegstrecken. Zürich (Rotapfel)
Heinz Knobloch, Angehaltener Bahnhof. Berlin (Arsenal)
Andreas Knoll, Ja, so war's. Kurzgeschichten. Neusäss (Knoll)
Wolfram Kober, Exoschiff. Utop. Erzählungen. Berlin (Das Neue Berlin)
Jurij Koch, Der Kirschbaum. Novelle. Halle (Mitteldeutscher)
Michael Köhlmeier, Moderne Zeiten. Roman. München (Piper).
Wolfgang Hermann Körner, Die Nilfahrt. Prosa. Ffm. (Suhrkamp)
Gerhard Köpf, Schwellengang. Prosa. Weingarten (Drumlin)
Guido J. Kolb, Die »Mai-Käfer«-Andacht. Geschichten. Zürich (NZN)
Ulrike Kolb, Die Rabe. Erzählung. Ffm. (Tende)
Kurt Konrad, Wort für Wort. Gedichte. Basel (Konrad)
Marcel Konrad, Erzählzeit. Ein Zustand. Zürich (Ammann)
Thomas Kornbichler, Unterwegs zur Freiheit. Berlin (Guhl)
Dora Koster, Nur ein Sprung in die Welt. Gedichte. München (Der Landbote)
Peter Krähenbühl, Lichtscherben. Gedichte. Bern (Erpf)
Karl W. Krämer, Der Gedächtnisbaum. Gedichte. Bielefeld (Pendragon)
Gisela Kraft, Müllname. Erzählung. Düsseldorf (Eremiten-Presse)
Willy Kramp, Das Versteck. Erzählung. Stuttgart (Quell-Verlag)
Käthe Kratz/Peter Turrini, Jugend. Buch z. Film »Atemnot«. Wien (Europa)
Detlef Krause, Zwischenzeitlich. Gedichte. Stuttgart (Spectrum)
Joachim Krause, Die sieben Weltwunder. Gedichte. Korweiler (ed. eskaru)
Angela Krauß, Das Vergnügen. Erzählung. Berlin (Aufbau)
Karl Krolow, Schönen Dank und vorüber. Gedichte. Ffm. (Suhrkamp)
Michael Krüger, Was tun? Eine altmodische Geschichte. Berlin (Wagenbach)
Eckhart Krumbholz, Beim Weltmann in der Provinz. Halle (Mitteldeutscher)
Ulrich Kubisch, Taxi. Berlin (Transit)
Hermann Werner Kubsch, Unordentliches Tagebuch. Rudolstadt (Greifen)
August Kühn, Wir kehren langsam zur Natur zurück. Roman. Mchn. (Schneekluth)
Dieter Kühn, Der König von Grönland. Köln (Janus Presse)
Dieter Kühn, Die Kammer des schwarzen Lichts. Roman. Ffm. (Suhrkamp)
Otto Heinrich Kühner, Der Pappkamerad und die Strohpuppe. Erz. Mchn. (Schneekluth)
Peter Kummer, Die grüne Kuh. Bern (Salchli)
Günter Kunert, Zurück ins Paradies. Geschichten. München (Hanser)
Dorothee Kunz-Fischer, Unter dem Dach der Kröte. Roman. Hbg. (Buntbuch)
Fitzgerald Kusz, Seid mei uhr nachm mond gäihd. Gedichte. München (Renner)
Jürg Laederach, 69 Arten, den Blues zu spielen. Texte. Ffm. (Suhrkamp)
Cl. Lanczkowski/Georg M. Heiler, Frankfurt 2000. Paradise Regained. Drehbuch. Bln. (Ed. ad absurdum)
Marion Lang, Späte Freiheit. Roman. München (Nymphenburger)
Hartmut Lange, Die Waldsteinsonate. Novellen. Zürich (Diogenes)
Ilse Langner, Flucht ohne Ziel. Tagebuch-Roman. Würzburg (Bergstadtverlag)
Günter Lanser, Nachtworte. Gedichte. Duisburg (Gilles & Francke)
Rolf Lappert, Passer. Roman. Basel (Nachtmaschine)
Dino Larese, Auch noch ein Schelm. Erzählungen. Frauenfeld (Huber)
Bernhard Lassahn, Ab in die Tropen. Roman. Zürich (Diogenes)
Gabriel Laub, Gespräche mit dem Vogel. Dialoge. Hamburg (Knaus)
Ursula LeGuin, Malafrena. Roman. München (Nymphenburger)

Lothar Leidereiter/Hans Jürgen Harder, Täglicher Irrsinn – Verfolgungen. Gedichte. Hamburg (Libertäre Assoziation)
Hilga Leitner, Die Mäuse gegenüber. Gedichte. Salzburg (Podium 70)
Hermann Lenz, Der Letzte. Erzählung. Ffm. (Suhrkamp)
Siegfried Lenz, Ein Kriegsende. Erzählung. Hamburg (Hoffmann & Campe)
Doris Lerche, Die Unschuld verlieren. Zeichn. und Gesch. Reinbek (Rowohlt)
Walter Leupi, Zwischenstationen. Erzählungen. Bern (GS)
Oswald Levett, Verirrt in den Zeiten. Roman. Berlin (Das Neue Berlin)
Hans Lipinsky-Gottersdorf, Der Sprosser schlug am Pratwa-Bach. Geschichten. Sigmaringen (Bergstadt)
Waldtraut Lewin, Federico. Roman. Berlin (Neues Leben)
Claus-Peter Lieckfeld, Rilkes Herbst findet nicht statt. Ged. Zürich (Unions)
Karin Liepelt, Anathema. Utop. Roman. Meitingen (Corian)
Karin Lindemann, Irrgänger. Geschichten. Olten (Walter)
Jochen Link, Frankfurter Kreuz. Roman. Kiel (Neuer Malik)
Christoph Lippelt, Der Lindholdertraum. Roman. Sigmaringen (Thorbecke)
Helga Lippelt, Jeans für einen Gliedermann. Roman. Düsseldorf (Erb)
Hans-Georg Lietz, Das Hexenhaus. Roman. Rostock (Hinstorff)
Norbert Loacker, Die Vertreibung der Dämonen. Roman. München (Hanser)
Jürgen Lodemann, Luft und Liebe. Geschichten. Zürich (Diogenes)
Hans Löffler, Die scheinbaren Verwandlungen eines Bürgers. Gesch. Bln. (Aufbau)
Erich Loest, Die Mäuse des Dr. Ley. Satirischer Roman. Olten (Walter)
Erich Loest, Geordnete Rückzüge. Reisefeuilletons. Hannover (Postskriptum)
Erich Loest, Herzschlag. Erzählung. Assenheim (BrennGlas)
Erich Loest, Schattenboxen. Roman. Olten (Walter)
Erich Loest, Völkerschlachtdenkmal. Roman. Hamburg (Hoffmann & Campe)
Hans-Peter de Lorent, Diskrete Karriere. Roman. Dortmund (Weltkreis)
Gert Loschütz, Eine wahnsinnige Liebe. Novelle. Darmstadt (Luchterhand)
Lorenz Lotmar, Der Handlinienmann. Roman. Affoltern (Orte)
Jeannine Luczak, Schweigegeld als Landeswährung. Aphorismen. Olten (Walter)
Heini Ludwig, Der Mann der von unten kam. Roman. Ffm. (S. Fischer)
Ludger Lütkehaus, Rote Gespenster-Extreme Erlässe. Freiburg (Dreisam)
Ernst-Otto Luthardt, Die Unsterblichen. Erzählungen. Rudolstadt (Greifen)
Erika Mahlow, Unwahrscheinliche Wahrscheinlichkeiten. Fulda (VfA)
Kuno Mahnkopf, Begebenheiten zwischen Weser und Solling. 50 Kurzgeschichten. Holzminden (Weserland)
Peter Maiwald, Balladen von Samstag auf Sonntag. Gedichte. Stuttgart (DVA)
Stefani Majer, Die Schräge. Erzählungen. Ffm. (Tende)
Gisela Maler, Traumzeit. Gedicht. Pforzheim (Hertenstein Presse)
Andreas Mand, Innere Unruhen. Roman. Hamburg (Kellner)
Erika Mann, Briefe und Antworten. Zwei Bände. München (Ed. Spangenberg)
Saskia Marloh, Die Liebe ist eine schwarze Frucht. Ged. Hbg. (Hoffmann & C.)
Marquart/Borlinghaus, Der Frauenarzt von Bischofsbrück. Bd. 5, 6, 7. Hdlbg. (Kübler & Akselrad)
Alfred Marquart/Herbert Borlinghaus, Bd. 1, Der Schrecken von Mullingford. Bd. 2, Mord im Vatikan. Heidelberg (Kübler & Akselrad)
Klaus Martens, Heimliche Zeiten. Gedichte. Stuttgart (DVA)
Kurt Marti, Geduld und Revolte. Gedichte. Stuttgart (Radius)
Kurt Marti, Ruhe und Ordnung. Aufzeichnungen. Darmstadt (Luchterhand)
Hartwig M. Martinez, Wenn Schatten fliehen könnten. Lyrik. Wien (Europ. Vlg.)
Manfred Maurer, Sturm und Zwang. Roman. Wien (Europaverlag)
Kurt Mautz, Ortsbestimmung. Gedichte. Düsseldorf (Eremiten-Presse)
Hans Mayer, Ein Deutscher auf Widerruf. Erinnerungen II. Ffm. (Suhrkamp)
Rupert Mayer, Gewisse Menschen. 100 satir. Gedichte. Essen (Blaue Eule)
Friederike Mayröcker, Magische Blätter. Texte. Ffm. (Suhrkamp)
Friederike Mayröcker, Reise durch die Nacht. Prosa. Ffm. (Suhrkamp)

Friederike Mayröcker, Rosengarten. Prosa. Pfaffenweiler (Pfaffenw. Presse)
Angelika Mechtel, Kaputte Spiele. Roman. München (List)
Christoph Meckel, Souterrain. Gedichte. München (Hanser)
Mariella Mehr, Das Licht der Frau. Prosa. Gümligen (Zytglogge)
Helen Meier, Trockenwiese. Geschichten. Zürich (Ammann)
Helen Meier, Hausgeschichten. Erzählungen. Zürich (Ammann)
Maria Meinen, Im Tal der sieben Brunnen. Eine Kindheit. Bern (Francke)
Willi Meinck, Kaffeetrinken im Grandhotel. Ausgewähltes. Halle (Mitteldt.)
Gottfried Meinhold, Weltbesteigung. Roman. Berlin (Das Neue Berlin)
Steffen Mensching, Erinnerung an eine Milchglasscheibe. Ged. Halle (Mitteldt.)
Fritz Mertens, Ich wollte Liebe und lernte hassen! Bericht. Zürich (Diogenes)
Christoph Meury, Jahr der Kälte. Gedichte. Basel (Nachtmaschine)
E. Y. Meyer, Sundaymorning. Ein berndeutsches Stück. Bern (Erpf)
Eva Meyer, Versprechen, Versuch ins Unreine. Basel (Stroemfeld/Roter Stern)
Rune Mields, Das Wort betreffend. Subjektiv-objektiv. Berlin (Rainer)
Heinz Milloth, Vom Charme der Stolpersteine. Gedichte. Ffm. (AZ)
Jochen Missfeldt, Capo Frasca u. a. Fliegergesch. Ebenhausen (Langewiesche-B.)
Klaus Modick, Moos. Die nachgelassenen Blätter des Botanikers Lukas Ohlburg. Zürich (Haffmans)
Susanne v. Moellendorff, Erinnerung an eine gewisse Nacht. Erzählung. Tübingen (Konkursbuch)
Peter Moll, Der Schwarze Stern. Prosa und Gedichte. Küsnacht (Ed. Kürz)
Erika Molny, Bruchstücke. Roman. Wien (Brandstätter)
Franz Mon, Es liegt noch näher. Texte. Spenge (Ramm)
Peter Morger, Pius und Paul. Roman. Gümligen (Zytglogge)
Irmtraud Morgner, Die Hexe im Landhaus. Gespräche in Solothurn. Mit einem Beitrag von Erica Pedretti. Zürich (Rauhreif)
Günter Moser, El Dorado – ein Endspiel. München (E. Weiss)
Jürg Moser, Aus zweiter Hand. Erzählungen. Basel (Nachtmaschine)
Jürg Moser, hinter dem vorhang. Gedichtszyklus. Wädenswil (Brennessel)
Tilmann Moser, Eine fast normale Familie. Ffm. (Suhrkamp)
André Müller, Gedankenvernichtung. Wien (Brandstätter)
Fedja Müller, Lieder aus dem Thermidor. Lyrik und Prosa. Freiburg (Dreisam)
Heiner Müller, Shakespeare Factory. Berlin (Rotbuch)
Herta Müller, Niederungen. Prosa. Berlin (Rotbuch)
Kurt Müller, Mit Traven auf einer Bank. Erz. München (Der Landbote)
Rolf Arnold Müller, Der letzte Held. Roman. Küsnacht (Ed. Kürz)
Fedja Müller, Gedichte vom Engel des Herrn. Lyrik, Prosa. Freiburg (Dreisam)
Reiner René Müller, Augen. Gedichte. Büdingen (Pawel Pan)
Jupp Müller, Pfeffer und Pfifferlinge. Aphorismen. Berlin (Eulenspiegel)
Willi Münch, Die Sitzung. Köln (Rheinland)
Johannes Muggenthaler, Normal und sterblich. Tragödien. Hamburg (Nautilus)
Adolf Muschg, Das Licht und der Schlüssel. Roman. Ffm. (Suhrkamp)
Adolf Muschg, Kulturgeschichten. Ffm. (Suhrkamp)
Wilhelm Muster, Monsieur Musters Wachsfigurenkabinett. Lyrik. Graz (Droschl)
Günter Navky, Der Landläufer. Erzählungen. Landau (Pfälz. Verlagsanstalt)
Trautchen Neetix, Die Gruft des Märchenprinzen. Hamburg (Buntbuch)
Heidi Nef, Wenn Bilder Bild werden. Aarau (Sauerländer)
Dinah Nelken, Die ganze Zeit meines Lebens. Ffm. (S. Fischer)
Bernhard Nellessen, Neu leuchten die Zäune. Gedichte. München (Schneekluth)
Walter Neumann, Mitten im Frieden. Gedichte. Berlin (Agora)
Elke zur Nieden, Eine Schlange frißt kein Glencheck. Krimi. Ffm. (Medea)
Christoph Nil, Oh löeg doch äis zum Pfäischter üüs. Mundartged. Bern (Francke)
Hermann Nitsch, Die 80. Aktion des O. M. Theaters. Wien (Freibord)
Peter Noll, Diktate über Sterben und Tod. Zürich (Pendo)
Mathias Nolte, Großkotz. Ein Entwicklungsroman. Zürich (Diogenes)

Claus Nowak, Das Leben Gudrun. Roman. Halle (Mitteldeutscher)
Joachim Oertel, Liebesgrüße an Erich M. Reflektionen. Berlin (Ed. Vespüne)
Frauke Ohloff, Liebe Liebe. Gedichte und Prosa. Bern (Lang)
Andreas Okopenko, Kindernazi. Roman. Salzburg (Residenz)
Hans van Ooyen, Ende der Bescheidenheit. Gedichte. Dortmund (Weltkreis)
Rohland Opfermann, Der Mann schreibt mit den zarten, feinen Händen. Herbstein (März)
Hellmuth Opitz, Entfernungen, Entfernungen. Gedichte. Bielefeld (Pendragon)
Meret Oppenheim, Husch, husch der schönste Vokal entleert sich. Gedichte, Zeichnungen. Ffm. (Suhrkamp)
Edwin Ortmann, Die Wunde kehrt ins Messer zurück. Erz. Stgt. (Klett-Cotta)
Leonie Ossowski, Neben der Zärtlichkeit. Roman. Hamburg (Hoffmann & Campe)
Leonie Ossowski/Grips-Theater, Voll auf der Rolle. Stück. München (Weismann)
Wolfgang Ott, Der junge Cronsberg. Roman. München (Langen Müller)
Ernst Chr. Pacher, Grußlos aus der Nacht heraus. Ged. Klagenfurt (Ritter)
H. Silvio Panosetti. Die Konsequenz der Moral. Roman. Reinach (MC)
Erika Paschke, Glücksläufer. Zwei Erzählungen. Berlin (Tribüne)
Konrad Pauli, Sperrsitz. Roman. Bern (Erpf)
Gudrun Pausewang, Kinderbesuch. Roman. Zürich (Arche)
Erica Pedretti, Sonnenaufgänge, Sonnenuntergänge. Erz. Ffm. (Suhrkamp)
Oscar Peer, Grenzstation. Roman. Zürich (Benziger)
Max Peintner, Bilderschrift. Textband. Salzburg (Residenz)
Wilhelm Pellert, Fahr wohl ins Leben. Roman. Wien (Brandstätter)
Klaus Pemsel, Die Osterhäsin. Texte. München (Ströme)
Irmgard B. Perfahl, Schwarzes Lächeln Senegal. Tübingen (Narr)
Markus Peters, Eine Loreley an der Themse. Liebesgesch. Zürich (Diogenes)
Karin Petersen, Reisen ist Rückkehr. Eine Erzählung. Reinbek (Rowohlt)
Raimund Petschner, Meerma. Erzählungen. Zürich (eco)
Heinrich Peuckmann, Vaters Freunde. Erzählungen. Oberhausen (Asso)
Tadeus Pfeifer, Die schönen Seiten des Lebens. Roman. Karlsruhe (Loeper)
Joachim Piechowski, Der Mann ohne Arme. Roman. Bonn (Rehabilitationsvlg.)
Arne Piewitz, Momo im Legoland oder der verendete Bakunin. Hbg. (Buntbuch)
Volker Elis Pilgrim, Die Elternaustreibung. Roman. Düsseldorf (Claassen)
Vera Piller, Macht damit was ihr wollt. Lyrik und Prosa. Zürich (Eco)
Heinz Piontek, Zeit meines Lebens. Autobiogr. Roman. München (Schneekluth)
Alexander Piotrowski, Ausschnitte. Gedichte. Hann. Münden (Gauke)
Ulrich Plenzdorf, kein runter kein fern. Ffm. (Suhrkamp)
Hans Pleschinski, Frühstückshörnchen. Satiren. Siegen (Machwerk)
Hans Pleschinski, Gabi Lenz. Ein Dokument. Zürich (Haffmans)
Hans Pleschinski, Nach Ägypten. Roman. Zürich (Haffmans)
E. W. Pless, Gegner. Roman. Zürich (SV)
Elisabeth Plessen, Stella Polare. Roman. Ffm. (S. Fischer)
Helmut Pöll, Piedro. Erzählung. Hann. Münden (Gauke)
Uwe Pörksen, Die Ermordung Kotzebues od. Kinder d. Zeit. Erz. Stgt. (Klett-Cotta)
Johannes Poethen, Schwarz das All. Gedichte. Scheer (Keicher)
Klaus Pohl, Das Alte Land. Schauspiel. Ffm. (Vlg. d. Autoren)
Burkhard Pohlmann, Splitter. Gedichte. Braunschweig (Ed. PP)
Wolfgang Pohrt, Stammesbewußtsein, Kulturnation. Pamphlete. Bln. (Ed. Tiamat)
Martin Pollack, Nach Galizien. Prosa. Wien (Brandstätter)
Georg Polomski, Das Gespenst auf dem Friedhof. Kurzgesch. Baden-B. (Battert)
Gerhard Polt/Hanns Chr. Müller, Da schau her. Gesch. Zürich (Haffmans)
Gerhard Polt/Hanns Christian Müller, Die Exoten. Textbuch. Zürich (Haffmans)
Ulrich Pothast, Das Bild meiner Stadt im Schnee. Gedichte. Ffm. (Suhrkamp)
Jasmine du Pont, Brückenbegegnungen. Ged., Kurzgesch. Berlin (KKZR)
Helmut Preißler, Lotoskerne. Gedichte. Berlin (Neues Leben)
Otfried Preußler, Die Flucht nach Ägypten. Roman. Stgt. (Ed. Weitbrecht)

Anneliese Probst, Stationen. Erzählung. Berlin (Union)
Lou A. Probsthayn, Drei Namen – eine Nacht. Berlin (Cyrano)
Jens Prüss, Schibulskis Traum. Volksstück. Düsseldorf (Eremiten-Presse)
Norbert Pühringer, Eugen. Roman. Wien (Brandstätter)
Erwin Puls, Im Herrenzimmer. Wien (Freibord)
Fritz J. Raddatz, Kuhauge. Roman. Reinbek (Rowohlt)
Joachim Rähmer, Bekenntnisse eines Einfältigen. Roman. Halle (Mitteldeutscher)
Klaus Rahn, unter dem schönen dachfirst. Gedichte. Halle (Mitteldeutscher)
Christoph Ransmayr, Die Schrecken des Eises. Wien (Brandstätter)
Ulrich Raschke, Der Holzweg. Lahnstein (FlugBlatt Presse)
Lutz Rathenow, Boden 411. Stücke z. Lesen u. Texte z. Spielen. Mchn. (Piper)
Lutz Rathenow, Was sonst noch noch passierte. Berlin (Berliner Handpresse)
Lutz Rathenow/Ulrich Panndorf, Jeder verschwindet so gut er kann. Prosa. Bln. (Mariannenpresse)
Ruth Rau, . . . dann wünsche ich mir Flügel. Texte. Wörthsee (Groh)
René Regenass, Kopfstand. Geschichten. Rohrschach (Nebelspalter)
René Regenass, Vernissage. Roman. Zürich (SV)
Elisabeth Reichart, Februarschatten. Roman. Wien (Brandstätter)
Brigitte Reimann, Die geliebte, die verfluchte Hoffnung. Tagebücher und Briefe 1948 bis 1973. Darmstadt (Luchterhand)
Gero Reimann, Lila Zukunft und hellgelbe Liebe. Science-fiction. Mchn. (Heyne)
Ralf Rainer Reimann, Wort-Bilder. Lyrik. Regensburg (Reimann)
Christa Reinig, Die Frau im Brunnen. Roman. München (Frauenoffensive)
Werner Reinowski, Hoch-Zeit am Honigsee. Roman. Halle (Mitteldeutscher)
Gerlind Reinshagen, Die flüchtige Braut. Roman. Ffm. (Suhrkamp)
Werner Reiser, Kurznachrufe und andere Kurzwaren. Basel (F. Reinhardt)
Stefan Reisner, Ein Pferd, ein Schwein und Mirja spinnt. Roman. Berlin (Elefanten Press)
Stefan Reisner, Noch mehr Schlafsahne. Berlin (Elefanten Press)
Karin Reschke, Dieser Tage über Nacht. Erzählung. Berlin (Rotbuch)
Anna Rheinsberg, Wolfskuß. Geschichten. Ffm. (Medea)
Raffael Rheinsberg, Transit. Gedichte. Berlin (Wewerka)
Eckhard Rhode, Entwürfe. Gedichte. Hamburg (Kellner)
E. A. Richter, Die Berliner Entscheidung. Roman. Salzburg (Residenz)
Wilhelm Riedel, Beseelte Erde. Haiku. Hann. Münden (Gauke)
Karl Riha, In diesem, diesem Moment. Ged., Bilder, Prosa. Siegen (Machwerk)
Cili Ringgenberg, Cili die Großmutter. Erinnerungen. Aarau (Sauerländer)
Alma Rogge, Die Rosenuhr. 21 norddeutsche Geschichten. Bremen (Schünemann)
Wolfgang Rohner-Radegast, Germering. Texte. Basel (Stroemfeld/Roter Stern)
Rudolf Rolfs, Einer hört zu! Ffm. (Die Schmiere)
Peter Rosei, Komödie. Liebesgeschichte. Salzburg (Residenz)
Peter Rosei, Mann & Frau. Eine Geschichte. Salzburg (Residenz)
Rüdiger Rosenthal, Polnische Reise. Erzählung. Berlin (Oberbaum)
Paul Rosie, Ich will sie schmähen und über den grünen Klee loben. Bln. (Eulensp.)
Rüdiger Rosenthal, Polnische Reise. Poetische Erz. u. a. Ged. Bln. (Oberbaum)
Friederike Roth, Krötenbrunnen. Ein Stück. Ffm. (Suhrkamp)
Gerhard Roth, Dorfchronik zum »Landläufigen Tod«. Ffm. (S. Fischer)
Gerhard Roth, Landläufiger Tod. Roman. Ffm. (S. Fischer)
Irbe Roth, Die Riesin. Geschichten. Ffm. (Tende)
Robert Roth, Ein neuer Anfang. Prosa. Bern (Benteli)
Ralf Rothmann, Kratzer. Gedichte. Berlin (Schmid)
Annelie Rüdiger, Das Drachenseil. Gedichte und Essays. Berlin (Guhl)
Gerhard Rühm, Text-Bild-Musik. Ein Schau- und Lesebuch. Wien (Freibord)
Gerhard Rühm, Visuelle Musik. 24 Notenblätter. Hannover (Zweitschrift)
Peter Rühmkorf, Bleib erschütterbar und widersteh. Aufsätze – Reden – Selbstgespräche. Reinbek (Rowohlt)

Margot Seidel, Nota-Bene. Gedichte. Duisburg (Gilles & Francke)
Valentin Senger, Kurzer Frühling. Zürich (Ammann)
Bernhard Setzwein, Wurzelwerk. Roman. München (Brehm)
Juergen Seuss/Gunter Böhmer, Nachtgespräch. Texte. Assenheim (BrennGlas)
Sibylle Severus, Seiltanz. Roman. Zürich (Benziger)
Joachim Seyppel, Ahnengalerie. Geschichte e. deutschen Familie. Hbg. (Knaus)
Hilde Sherman, Zwischen Tag und Dunkel. Mädchenjahre i. Getto. Bln. (Ullstein)
Hans Siebe, Der Tote im fünften Stock. Kriminalerz. Berlin (Das Neue Berlin)
Wolfgang Siegmund, Der verdünnte Pazifik. Gedichte. Graz (Leykam)
Dorothee Sölle, Verrückt nach Licht. Gedichte. Berlin (Fietkau)
Werner Söllner, Das Land, das Leben. Gedichte. Büdingen (Pawel Pan)
Kolja Solmeta, i.a. Roman. Berlin (Cyrano)
Nicolaus Sombart, Jugend in Berlin. München (Hanser)
Gerold Späth, Sindbadland. Ffm. (S. Fischer)
Ulrich Speitel, Das Grafenbett. Roman. Halle (Mitteldeutscher)
Steffie Spira-Ruschkin, Trab der Schaukelpferde. Aufzeichnungen. Bln. (Aufbau)
Split, Hinfort. Prosa, Gedichte. Berlin (Ed. Mariannenpresse)
Patrick Süskind, Der Kontrabaß. Ein Stück. Zürich (Diogenes)
Arno Surminski, Polninken. Roman. Hamburg (Hoffmann & Campe)
Swami Alok Chinmavo/Hermann James Schmitz, Maske u. Feuer. Ged. Duisburg (Trikont)
Hans Jürgen Syberberg, Der Wald steht schwarz und schweiget. Notizen. Zürich (Diogenes)
Hans-J. Schädlich, Irgend etwas irgendwie. 10 Texte. Assenheim (BrennGlas)
Wendel Schäfer, Erosionen. Gedichte. Kusel (Punkt im Quadrat)
Ulrich Schaffer, Im Aufwind. Wuppertal (Oncken)
Hans Schafgans, Die Insel. Roman. Gerlingen (Bleicher)
Rafik Schami, Das letzte Wort der Wanderratte. Märchen. Kiel (Neuer Malik)
Michael Scharang, Harry. Eine Abrechnung. Darmstadt (Luchterhand)
Peter Schattschneider, Singularitäten. Phantastischer Roman. Ffm. (Suhrkamp)
Herrad Schenk, Die Unkündbarkeit der Verheißung. Roman. Düsseldorf (Claasen)
Gerhard Scherfling, Von einem Tag zum andern. Kriminalr. Halle (Mitteldt.)
Ronald M. Schernikau/Uliane Borchert, Petra. Märchen. Bln. (Mariannenpresse)
Klaudia Schifferle, Allüren. Roman. Zürich (Nachbar-der-Welt)
Jochen Schimmang, Der Norden leuchtet. Geschichten. Ffm. (Suhrkamp)
Iris Schilke, Der Kaufherr und die Ketzer. Roman. Halle (Mitteldeutscher)
Evelyn Schlag, Beim Hüter des Schattens. Erzählung. Ffm. (S. Fischer)
Einar Schleef, Gertrud. Roman. Zweiter Teil. Ffm. (Suhrkamp)
Klaus Schlesinger, Matulla und Busch. Ffm. (S. Fischer)
Jutta Schlott, Das liebliche Fest. Erzählung. Berlin (Neues Leben)
Wolfgang Schlüter, Eines Fensters Schatten. Roman. Berlin (Kultuhr)
Astrid Schmeda, Zeit für Umarmungen. Erzählungen. Hamburg (Buntbuch)
Werner Schmidli, Warum werden Bäume im Alter schön. Zürich (Benziger)
Uve Schmidt, Dreizehn deutsche Nachkriegssagen. Frankfurt (Eichborn)
Uve Schmidt, Ei häwwe dream. Prosa. Düsseldorf (Eremiten-Presse)
Erhard Schmied, Lass dich nicht v. fremden Männern anmachen. Lyrik. Lebach (Queißer)
Nora Schmitt, Irina. Roman. Ffm. (Syndikat)
Elisabeth Schnack, Spiegelungen. Texte. Zürich (Pendo)
Hans C. Schneider/Richard E. Köhler, Umweg nach Utopia. Ged. Offenbach (Höhenflug)
Hansjörg Schneider, Wüstenwind. Notizen. Zürich (Limmat)
Hugo Schneider, Gestern – heute – alle Tage. Kurzgeschichten und Erzählungen. Stuttgart (Steinkopf)
Michael Schneider, Nur tote Fische schwimmen mit dem Strom. Essays, Aphorismen und Polemiken. Köln (Kiepenheuer & Witsch)

Rolf Schneider, Unsterblichkeit. Erzählungen. Rostock (Hinstorff)
Robert Wolfgang Schnell, Der Weg einer Pastorin ins Bordell. Erzählungen. Darmstadt (Luchterhand)
Wolf Peter Schnetz, In diesem Garten der Kälte. München (Renner)
Wolfdietrich Schnurre, Gelernt ist gelernt. Gesellenstücke. Bln. (Ullstein)
Lothar Schöne, Sahlheimer. Roman. Gifkendorf (Merlin)
Bruno Schollenbruch, Wir sitzen alle im gleichen Code. Sat., Ged. Stgt. (ed. co.)
Ferdinand Scholz, Menschen am Abgrund. Ärztethriller. Gießen (Anabas)
Renate Schoof, Zieh deinen Träumen Regenmäntel an. Ged. Bremen (Brockkamp)
Friedemann Schreiter, Liebesland. Erzählungen. Halle (Mitteldeutscher)
Helmut Schrey, Wer entziffert die Zeichen? Ged. Duisburg (Gilles & Francke)
Margrit Schriber, Muschelgarten. Roman. Zürich (Nagel & Kimche)
Fridtjof Schröder, Straßen meiner Seele. Göttingen (ed. herodot)
Helga Schubert, Blickwinkel. Geschichten. Berlin (Aufbau)
Peter Schünemann, Zwieland. Erdachte Szenen aus Büchners Biographie. Zürich (Classen)
Stefan Schütz, Die Seidels, Spectacle Cressida. Zwei Stücke. Ffm. (S. Fischer)
Schuldt, Mamelucken antworten. Akronyme. Linz (Neue Texte)
Christian Schulz/Bernd Scherer, Zur Aufbewahrung abgegeben. Gedichte. Göttingen (Schlender)
Elisabeth Schulz-Semrau, Suche nach Karalautschi. Report. Halle (Mitteldeutscher)
Hans Schumacher, Harder und Harder. Roman. Zürich (Artemis)
Thomas Schumacher, Die Verfolgung d. laufenden Ereignisse. Roman. Bln. (litPol)
Brigitte Schwaiger, Der Himmel ist süß. Eine Beichte. Hamburg (Knaus)
Hans D. Schwarze, Neues von Caspar Clan. Verse, Sprüche. Mchn. (Schneekluth)
Norbert Schwerdt, Schnitte. Kurzgeschichten, Gedichte. Hann. Münden (Gauke)
Martin Stade, Der Windsucher u. a. Dorfgeschichten. Stuttgart (Klett-Cotta)
Lorenz Stäger, Alexander der Kleine. Roman. Bern (Benteli)
Heinz Stalder, Marschieren. Roman. Zürich (Nagel & Kimche)
Alfred Steck, Amor fati. Gedichte. München (E. Weiss)
Bernd Stegemann, Die Unabwendbarkeit des Augenblicks. Ged. Bielefeld (Pendragon)
Otto Steiger, Die Unreifeprüfung. Erzählung. Zürich (Eco)
Bodo Steinberg, Nachtgedanken. Kurzgeschichten. Hann. Münden (Gauke)
Werner Steinberg, Die Mördergrube. Roman. Olten (Walter)
Gisela Steineckert, Gedichte. Berlin (Neues Leben)
Gisela Steineckert, Liederbriefe. Gedichte und Lieder. Berlin (Henschel)
Beta Steinegger, Heisse Himmel im September. Roman. Gümligen (Zytglogge)
Justin Steinfeld, Ein Mann liest Zeitung. Roman. Kiel (Neuer Malik)
Udo Steinke, Doppeldeutsch. Erzählungen. München (Schneekluth)
Ginka Steinwachs, Der schwimmende Österreicher. Prosa. Graz (Droschl)
Anne Steinwart, Wer hat schon Flügel. Ged. Mchn. (Brigitte Mosaik)
Jürgen Stelling, Halte dich an die Regeln. Gedichte/Texte. Affoltern (Orte)
Martin Stephan, Später Gast bei armen Witwen. Geschichten. Bln. (Eulenspiegel)
Tanja Stern, Fern von Cannes. Erzählungen. Berlin (Der Morgen)
Roland Stiefel, Nachbarn. Gedichte. Schaffhausen (Meili)
Kiev Jaguar Stingl, Die besoffene Schlägerei. Berlin (Cyrano)
Peter Stobbe, Der Terror der Plätze. Texte. Basel (Stroemfeld/Roter Stern)
Verena Stössinger, Fallen. Roman. Zürich (Benziger)
Claudia Storz, Die Wale kommen an Land. Roman. Zürich (Nagel & Kimche)
Oliver Storz, Ritas Sommer. Geschichten. Hamburg (Hoffmann & Campe)
Rudi Strahl, Menschen, Masken, Mimen. Berlin (Henschel)
Botho Strauß, Der junge Mann. Roman. München (Hanser)
Monica Streit, Joschi. Roman. Hamburg (Hoffmann & Campe)
Günter Striegler, Augustäpfel. Erzählung. Berlin (Tribüne)

Thomas Strittmatter, 3 Bildgeschichten und 2 andere. Stuttgart (Klett-Cotta)
Karin Struck, Finale. Roman. Hamburg (Knaus)
Brigitte Struzyk, Leben auf der Kippe. Gedichte. Berlin (Aufbau)
George Tabori, Spiele. Köln (Prometh)
Hannelies Taschau, Gefährdung der Leidenschaft. Ged. Darmstadt (Luchterhand)
Ingeborg Tetzlaff, Stufen. Merzhausen (Uhu-Presse)
Erwin Thalhammer, Der Patriotenigel. Bericht. Wien (Brandstätter)
Jürgen Theobaldy, Midlands. Drinks. Gedichte. Heidelberg (Wunderhorn)
Ralf Thenior, Radio Hagenbeck – Sieben schmutzige Geschichten. Hbg. (Kellner)
Friedel Thiekötter, Kopfschatten. Gedichte. Aachen (Rimbaud Presse)
Erich Thoma, Berühre mich. Gedichte. Basel (Cornfeld)
Sigurd Thorsson, Kuo Yang in Island. Erzählung. Stuttgart (Klett-Cotta)
Ilse Tielsch, Fremder Strand. Erzählung. Graz (Styria)
Uwe Timm, Der Mann auf dem Hochrad. Legende. Köln (Kiepenheuer & Witsch)
Bernd Uwe Tomczak, Mach dir einen schönen Tag, stell dir Blumen auf dein Grab. Geschichten. Berlin (KKZR)
Artur Troppmann, Himmel aus Stahl und Glas. Gedichte. Dortmund (Weltkreis)
Gottfried Unterdörfer, Weltreise in das Lange Holz. Prosa. Berlin (Union)
Jack Unterweger, Endstation Zuchthaus. Drama. Kerkerzeit. Prosaische Lyrik. Ffm. (Haag und Herchen)
Joachim Veil, Das Geräusch beim Erwachen. Ffm. (Suhrkamp)
Peter Veit, Grönlands Tropenkoller, Gedichte. Linz (Neue Texte)
Walter Vogt, Metamorphosen. Roman. Zürich (Benziger)
Wolf Vostell, Zeichnungen. Michael Wewerka, Gedichte. Berlin (Wewerka)
Otto Waalkes, Das zweite Buch OTTO. Hamburg (Rasch & Röhring)
Keto von Waberer, Heuschreckenhügel. Erzählung. Köln (Kiepenheuer & Witsch)
Christof Wackernagel, Nadja. Erzählungen. Basel (Stroemfeld/Roter Stern)
Hannes Wader, Daß nichts bleibt, wie es war. Texte. Dortmund (pläne)
Matthias Wächter, No fame. Lyrik. Düsseldorf (Windemuth)
Heinrich Waegner, Gespaltenes Deutsch. Grammat. Lyrik zur Gegenwart. Siegen (Kalliope)
Sybil Wagener, Das kleinere Unglück. Roman. Ffm. (S. Fischer)
Bernd Wagner, Reise im Kopf. Prosa. Berlin (Aufbau)
F. J. Wagner, Wolfs Spur. Roman. München (Bertelsmann)
Guy Wagner, Ziviler Ungehorsam. Protestlyrik. Echternach (Ed. phi)
Winfried Wagner, Berno. Erzählung. Reutlingen (Knödler)
Martin Walser, In Goethes Hand. Szenen aus dem 19. Jhdt. Ffm. (Suhrkamp)
Daniel Walter, Die Phiole ohne Blume. Erzählung. München (Piper)
Silja Walter, Der achte Tag. Schauspiel. Zürich (Jordan)
Silja Walter, Stern in der Kugel. Die Weihnachtsgeschichte. Olten (Walter)
Werner Walz, Im Zeichen des Kometen. Roman. Berlin (Oberbaum)
Wolf Wanderer, Die Innenseite der Zeit. Erzählung. Gießen (Focus)
Marion Yorck von Wartenburg, Die Stärke der Stille. Erz. Köln (Diederichs)
Peter Waterhouse, MENZ. Gedichte. Graz (Droschl)
Jochen Wedegärtner, Der späte Mann. Roman. Hamburg (Hoffmann & Campe)
Günther/Joy Weisenborn, Einmal lass mich traurig sein. Briefe, Lieder, Kassiber. Zürich (Arche)
Theodor Weißenborn, Zu den Kellergebrüchen. 2. Erz. Düsseldorf (Eremiten)
Michael Weisser, OFF-SHORE. Utop. Roman. Meitingen (Corian)
Wim Wenders/Sam Shephard, Paris, Texas. Nördlingen (Greno)
Martin Wendland, Der Mörder und sein Opfer. Kriminalr. Halle (Mitteldt.)
Albert Wendt, Die Dachdecker und andere Stücke und Texte. Berlin (Henschel)
Claus Wendt, Kunst-Stücke. Aphorismen. Berlin (Eulenspiegel)
Andreas B. Wenger, Momente strikter Ästhetik. Gedichte. Zürich (November)
Ernst Wenig, Manchmal die Männer, immer die Frauen. Erzählungen. Halle (Mitteldeutscher)

Hans-Eckardt Wenzel, Lied vom wilden Mohn. Gedichte. Halle (Mitteldeutscher)
Fritz Werf, Unruhiges Glück. Gedichte. Andernach (Atelier)
Hans Friedrich Werkmeister, Der goldene Phönix. Ein wahres Umweltmärchen. München (Simon & Magiera)
Markus Werner, Zündels Abgang. Roman. Salzburg (Residenz)
Hans Friedrich Werkmeister, Phönix. Umweltmärchen. Hildesheim (Turnier)
Georg A. Weth, Da-Sein wie nie zuvor. Geschichten. Bern (Erpf)
Augustin Wibbelt, Heimat. Gedichte. Münster (Regensberg)
Urs Widmer, Die gestohlene Schöpfung. Ein Märchen. Zürich (Diogenes)
Bettina Wiengarn, Alles nocheinmal. Gedichte. Hamburg (Kellner)
Paul Wiens, Innenweltbilderhandschrift. Gedichte. Berlin (Aufbau)
Anna Wimschneider, Herbstmilch. Lebenserinnerungen e. Bäuerin. Mchn. (Piper)
Juliane Windhager, Ein Engel in Oulu. Erzählungen. Salzburg (Residenz)
Marianne Wintersteiner, Marie's Seidenschuhe. Roman. München (Ehrenwirth)
Marianne Wintersteiner, Alles ist Wiederkehr. Klagenfurt (Heyn)
Mario Wirz, All die vielen Nachtschritte. Gedichte. Göttingen (Schlender)
Lisa Witasek, Friedas Freund. Erzählung. München (List)
Joachim Wohlgemuth, Das Puppenheim in Pinnow. Berlin (Neues Leben)
Gabriele Wohmann, Der Kirschbaum. Erzählung. Düsseldorf (Eremiten-Presse)
Gabriele Wohmann, Ich lese. Ich schreibe. Autobiogr. Essays. Darmstadt (Luchterhand)
Gabriele Wohmann, Passau, Gleis 3. Gedichte. Darmstadt (Luchterhand)
David Wolf, Der Mensch isch wien e Kiiselstai. Dialekt-Gedichte. Basel (GS)
Klaus-Peter Wolf, Die Abschiebung. Roman. Zürich (Benziger)
Klaus-Peter Wolf, Schrecklich einfach. Gedichte. Stuttgart (Spectrum)
Winfried Wolf, Geschichten aus Hotterloch. Zürich (Arche)
Detlef Wolff, Katenkamp u. d. tote Briefträger. Kriminalr. Bln. (Das Neue Berlin)
Uwe Wolff, Der Ewige Deutsche. Eine Geschichte. Zürich (Haffmans)
Werner Wollenberger, Fast eine Weihnachtsgeschichte. Zürich (Pendo)
Hans Wollschläger, Von Sternen und Schnuppen. Essays. Zürich (Haffmans)
Wolf Wondratschek, Carmen. Eine Geschichte. Zürich (Diogenes)
Henric L. Wuermeling, Explosion. Roman. München (Droemer/Knaur)
Nico Würtz, Männergerichte. Gedichte. Berlin (rosa Winkel)
Laure Wyss, Tag der Verlorenheit. Erzählungen. Frauenfeld (Huber)
Heinz Zander, Das sanfte Labyrinth. Roman. Rostock (Hinstorff)
Heinz Zander, Der Höfling im Delta des Mississippi. Miniaturen, Märchen und eine Novelle. Ffm. (Robinson)
Heinz Zander, Stille Landfahrten. Roman. Ffm. (Robinson)
Hildegard Zander, Einmal war Frost i. d. Blüten gefallen. Roman. Rostock (Hinstorff)
Georg Zauner, Marana. Roman. Zürich (Benziger)
Winfried Zehetmeier, Taubenjagd. Erzählungen. München (Ehrenwirth)
Helmut Zenker, Zünden Bäume und Häuser an. Roman. Wien (Europa)
Rosemarie Zeplin, Alpträume aus der Provinz. Roman. Berlin (Aufbau)
Rene Zey, Westviertel. Gedichte. Mülheim (Westarp)
Werner Zillig, Die Parzelle. Roman. München (Goldmann)
Dieter Zimmer, Wunder dauern etwas länger. Roman. München (Scherz)
Katharina Zimmermann, Hibiskus. Roman. Gümligen (Zytglogge)
Peter Zingler, Tod in Kingston. Roman. Ffm. (Extrabuch)
Hedda Zinner, Arrangement mit dem Tod. Roman. Berlin (Der Morgen)
Joseph Zoderer, Lontano. Roman. München (Hanser)
Emil Zopfi, Lebensgefährlich verletzt. Eine Nachforschung. Zürich (Limmat)
Matthias Zschokke, Prinz Hans. Prosa. München (List)
Manfred Züfle, Astrid. Tagebuch einer Trauer. Zürich (Pendo)
Manfred Züfle, Der Löwe im Kloster. Geschichten. Zürich (Pendo)

Anthologien

A wie arbeitslos. Erzählungen, Geschichten, Informationen. Ffm. (S. Fischer)
Abschiedsbriefe aus Deutschland. Hg. Hans Jürgen Heinrichs (Qumran)
Agentur Standard Text, Vogelsberg. Endlosroman. Erster Teil. Berlin (Rotbuch)
Alles paletti. Kurzgeschichten. Hg. T. Rother. Essen (Klartext)
Almanach auf das 10. Jahr, Hg. K. Renner und T. Milch. München (Renner)
Aus gegebenem Anlaß. Eine Anthologie des Förderkreises Deutscher Schriftsteller. Hg. Ekkehart Rudolph. Stuttgart (Ed. Weitbrecht)
Auswahl 84. Neue Lyrik – Neue Namen. Berlin (Neues Leben)
Benzin im Blut. Großstadt Lesebuch. Hg. Glomb u. Reese. Reinbek (Rowohlt)
Dame vor Spiegel. Hörspiele. Hg. C. Vetter. Berlin (Henschel)
Der zweite Mond. Texte. Hg. Hansjürgen Bulkowski. Krefeld (Sassafras)
Denn wir müssen so manches noch ändern. Prosa u. Gedichte. Hg. H. D. Gölzenleuchter. Bochum (Ed. Wort und Bild)
Depesche an meine zukünftigen Eltern. Hg. E. Scherner. Berlin (Neues Leben)
Der Geschichtenkalender. Hg. J. Schmidt/G. Schmidt-Bradatsch. Rudolstadt (Greifen)
Der Herbst stöbert in den Blättern. Deutschspr. Lyrik a. Rumänien. Hg. P. Motzan. Bln. (Volk & Welt)
Deutsche Literatur 1983. Ein Jahresrückblick. Hg. Volker Hage. Stgt. (Reclam)
Das Fahrradbuch. Hg. K. Riha. Darmstadt (Luchterhand)
Das Abschnappuniversum. 18 neue dt. Erz. Hg. Oskar v. Reuth. Darmstadt (Luchterhand)
Doppelspur. Ein lit. Reiseführer d. Rheinland-Pfalz u. d. Saarland. Hg. F. Oberhauser/K.-F. Geißler. Landau (Pfälz. Vlgsanst.)
Ein Parkplatz für Johnny Weismuller. Kinogeschichten. Hg. Günter & Ilse Ohnemus. Siegen (Machwerk)
»Ein Schriftsteller schreibt ein Buch über einen Schriftsteller, der zwei Bücher über zwei Schriftsteller schreibt.« Dichter über Dichtung. Hg. Gerhard Köpf. Ffm. (S. Fischer)
Ein Spaßvogel auf dem Richterstuhl. Geschichten u. Gedichte d. »Münchener Turmschreiber«. Mchn. (Heyne)
einst war ich fänger im schnee. Neue Texte aus der DDR. Berlin (Oberbaum)
Essener Lesebuch. Hg. W. Wehner. Essen (Klartext)
Euterpe. Jahrbuch für Literatur. Marne (Segebrecht)
Fietkaus Schritte durch ein Vierteljahrhundert. Berlin (Fietkau)
Frühreif. Texte aus der Plastiktüte. Hg. D. Chotjewitz. München (Weismann)
Geschichten aus der Geschichte Österreichs 1945-1983. Hg. Michael Scharang. Darmstadt (Luchterhand)
Geschichten für uns. Hg. Peter Härtling. Darmstadt (Luchterhand)
Geschlitztes Ohr im Himmel. Jahrb. f. junge Lyrik 1984. Hg. Glomb/Heyder/Reese. Bln. (Oberbaum)
Giftgrün. Gedichte. Hg. A. Astel. St. Ingbert (Röhrig)
Ich hab sie auf den Mund geküsst. Gesch. ü. Frauenfreundschaften. Bln. (Lorez)
Ich bin bei dir, aber du bist gerade weit weg. Lieder und Texte aus dem Beziehungsdschungel von R. Gernhardt, U. Lindenberg, W. Niedecken u. a. Hg. Florian Steinbiß. Ffm. (S. Fischer)
Ich steh' auf und geh' raus. Frauen erzählen. Ffm. (S. Fischer)
Im Kreislauf der Windeln. Frauenprosa aus der DDR. Hg. H. Heidtmann. Weinheim (Beltz & Gelberg)
Jahrbuch schreibender Frauen 2. Ein Textbuch. Hg. G. Pfeifer/S. Bramigk. Karlsruhe (Loeper)
Jahresring 84-85. Jahrbuch für Kunst und Literatur. Stuttgart (DVA)

Junge deutsche Lyrik 1. Hg. R. Riedler. München (Schneekluth)
Junge Literatur aus Österreich 83/84. Wien (ÖBV).
Keine Zeit für Einzelgänger. Anthologie. Hg. G. Jung. Berlin (KKZR)
Kommen wir zur Tagesordnung. Literarische Reportagen aus der DDR. Hg. Ingrid Krüger. Darmstadt (Luchterhand)
Klagenfurter Texte 1984. Hg. H. Fink und M. Reich-Ranicki. München (List)
Lesebuch. Dt. Literatur der 70er Jahre. Hg. C. Buchwald/K. Wagenbach. Bln. (Wagenbach)
Lesebuch der deutschen Science-fiction. Meitingen (Corian)
Letzebuerger Almanach 1985. Hg. G. Hausemer/R. Ketter. Luxembourg (Binsfeld)
Literarischer Traum- und Wunschkalender auf das Jahr 1985. Hg. E. Henscheid/F. W. Bernstein. Zürich (Haffmans)
Literatur im Kreienhoop. Herbst 1983. Hg. M. Dierks/A. Mensak. Hbg. (Knaus)
Luchterhands Jahrbuch d. Lyrik. Hg. C. Buchwald/G. Laschen. Darmstadt (Luchterhand)
Lyrik-Blick über die Grenzen. Gedichte und Aufsätze des zweiten Lyrikertreffens in Münster. Hg.: L. Jordan, A. Marquardt, W. Woesler. Ffm. (S. Fischer)
Lyrik 82/83. Anthologie. Hg. Al'Leu. Zürich (Leu)
Mauerechos. Junge Lit. auf gut Deutsch. Hg. G. Haberbosch/R. Jungklaus. Bln. (Vis-à-Vis)
Montags biste sowieso geschafft. Frauen a. Fließband erzählen. Hg. V. Born. Hbg. (Junius)
Nachthäute. Lyrik. Trier (éditions trèves)
Neue Geschichten aus der Arbeitswelt. Hg. Max v. d. Grün. Wien (Europa)
Österr. Erzählungen des 20. Jhdts. Hg. A. Brandstetter. Salzburg (Residenz)
Poesieagenda 1985. Hg. W. Bucher/J. Stelling. Affoltern (Orte)
Randzonen. Interviews – Kurzgeschichten. Hg. Judith Ammann. Ffm. (Suhrkamp)
Rhein-Neckar-Lesebuch. Heidelberger und Mannheimer Autoren stellen sich vor. Hg. Elisabeth Alexander. Karlsruhe (Fächer)
Schriftbilder. Neue Prosa a. Luxemburg. Hg. R. Ketter. Luxembourg (Binsfeld)
TABULA RASA. Literatur-Almanach. Hg. R. A. Burkat/Cl. Lanczkowski. Bln. (ad absurdum)
Tatort Arbeitsplatz. Ffm. (S. Fischer)
Thank you good night. Musikgesch. und -ged. Hg. Bodo Morshäuser. Ffm. (Suhrkamp)
Tiefer in den Tag gedacht. Autoren-Werkst. 4. Hg. H.-A. Herchen. Ffm. (R. G. Fischer)
Tintenfisch 23. Jahrbuch f. dt. Literatur 1984. Hg. M. Krüger/K. Wagenbach. Bln. (Wagenbach)
Türken deutscher Sprache. Berichte, Erz., Ged. Hg. I. Ackermann. München (dtv)
Umwelt literarisch. Gauke's Jahrbuch '85. Hann. Münden (Gauke)
Und das ist unsere Geschichte. Gelsenkirchener Lesebuch. Hg. H. Hering/M. Klaus. Oberh. (Asso)
Und gehe heiter weiter. Hg. H.-A. Herchen. Ffm. (R. G. Fischer)
Was Kritiker gerne läsen. ALMANACH 1984. Hg. J. Jung. Salzburg (Residenz)
Weiches Wasser bricht den Stein. Widerstandsreden. Hg. Katja Behrens. Ffm. (S. Fischer)
Widerstand und Träume. Dichterinnen beschreiben ihre Jugend. Hg. Norgard Kohlhagen. Frauenfeld (Huber)
Wie es euch gefällt. Hg. J. Bose. Berlin (KKZR)
Wir haben lang genug geliebt, und wollen endlich hassen. Gedichte. Hg. Manfred Hausin. Ffm. (S. Fischer)
Zürcher Spektrum. Gedichtsammlung. Hg. H. Stüssi. Zürich (Pendo)